中华优秀传统文化是炎黄子孙共同的精神家园

三国志选译

刘琳 译注
黄葵 审阅

古代文史名著选译丛书

（珍藏版）

主编 章培恒 安平秋 马樟根

凤凰出版社

图书在版编目（CIP）数据

三国志选译 / 刘琳译注. -- 南京 : 凤凰出版社，2017.1
（古代文史名著选译丛书 : 珍藏版 / 章培恒，安平秋，马樟根主编）
ISBN 978-7-5506-2485-6

Ⅰ. ①三… Ⅱ. ①刘… Ⅲ. ①中国历史－三国时代－纪传体②《三国志》－译文③《三国志》－注释 Ⅳ. ①K236.042

中国版本图书馆CIP数据核字(2016)第257423号

书　　名	三国志选译
主　　编	章培恒　安平秋　马樟根
译 注 者	刘　琳
责任编辑	汪允普
装帧设计	姜　嵩
出版发行	凤凰出版传媒股份有限公司 凤凰出版社(原江苏古籍出版社) 发行部电话025-83223462
出版社地址	南京市中央路165号,邮编:210009
出版社网址	http://www.fhcbs.com
照　　排	江苏凤凰制版有限公司
印　　刷	苏州市越洋印刷有限公司 苏州市吴中区南官渡路20号　邮编:215104
开　　本	850×1168毫米　1/32
印　　张	6.75
字　　数	140千字
版　　次	2017年1月第1版　2017年1月第1次印刷
标准书号	ISBN 978-7-5506-2485-6
定　　价	30.00元

(本书凡印装错误可向承印厂调换,电话:0512-68180638)

目　录

前 言

一

西晋史学家陈寿所写的《三国志》是一部记载三国历史的著名史书，后人把它列为“正史”，是“二十四史”中的第四种。

三国是继两汉之后的一个分裂割据时代。东汉中期以后，中央政权主要由宦官和外戚集团轮流控制。他们代表了封建统治阶级中最腐朽的势力，残酷地对人民进行剥削压迫，而彼此之间又争权夺利，互相残杀。其中尤以宦官专权为害最大。他们“手握王爵，口含天宪”，兄弟姻戚，宰州临郡，贪婪横暴，无恶不作，弄得政治黑暗，民不聊生，激起各族人民不断起来反抗。一些比较正直的官僚士人也对宦官外戚的专横不满，起来主持“清议”，批评朝政，却遭到压制甚至杀戮。汉灵帝中平元年(184)爆发了以张角为首的黄巾大起义，震撼全国。虽然黄巾军主力很快被东汉王朝镇压下去了，但黄巾余众在各地坚持了多年的斗争。黄巾起义给了封建统治阶级沉重的打击，使东汉王朝摇摇欲坠。

在阶级矛盾十分尖锐的同时，统治阶级的内部矛盾更加激烈。在镇压黄巾起义的过程中，各地官僚军阀乘机扩张自己的势力。在中央，外戚、大将军何进图谋诛灭宦官，并召并州牧董卓带兵前来相助。结果何进反被宦官杀死，而司隶校尉袁绍又大杀宦官。董卓到京师洛阳后，凭借武力，把持了中央政权，废少帝刘辩，立献帝刘协。初平元年(190)，袁绍、袁术、曹操及其他一些州牧郡守联合起兵反对董卓。董卓挟献帝西迁长安，后来被部下吕布杀死。此后，大大小小的封建军阀各据一方，展开混战，互相吞并。在北方，逐渐形成曹操、袁绍两大势力的对抗。曹操奉迎汉帝，挟天子以令诸侯；袁绍雄据河北，兵多粮足。建安五年(200)，在著名的官渡之战中，曹操击溃袁军主力。以后十余年间，又北征乌丸，西定关陇，基本上统一了北方。在此之前，孙策于初平四年(193)南渡长江，数年之间，占有江东。到他的弟弟孙权，更巩固了孙氏在东南的统治。建安十三年(208)，曹操南征荆州，原本力量弱小、在荆州依附刘表的刘备，用诸葛亮的计策，联合孙权，在赤壁一战中大败曹军，曹操退回北方。刘备在荆州取得立足之地以后，又西入益州，兼并刘璋，占有西南地区。这样，群雄角逐发展为鼎立三分。

曹操死后，其子曹丕于公元 220 年废掉汉献帝，自称皇帝，国号魏，三国时代正式开始。次年，刘备也在成都称帝，承用汉朝国号，史称蜀汉。公元 229 年，吴王孙权也即帝位，国号吴。至公元 263 年，魏灭蜀。265 年，司马炎篡魏，建立晋朝，三国时代结束，中国大部分地区重归统一。公元 280 年，孙吴也为晋所灭。

在中国两千多年封建社会中，三国时代仅仅是一个短暂的割据时代，但是这一段历史给中国老百姓留下的印象之深，却超过其他朝代。这一时期的许多历史人物，如曹操、诸葛亮、刘备、关羽、张飞、周瑜等等，可说是家喻户晓，妇孺皆知。自宋元以来,各种文艺作品如小说、戏曲、曲艺之类,涉及三国故事的不计其数,其中尤以元末明初罗贯中的讲史体小说《三国演义》在人民群众中影响最大。《三国演义》中描写的许多重大事件主要出自《三国志》和裴松之注,有一定的历史依据;但在此基础上,它又虚构了许多令人拍案叫绝的故事情节,比如桃园结义、过五关斩六将、草船借箭、借东风、三气周瑜等等。如果通过《三国演义》来认识三国历史,这种认识只能是真真假假,假多于真。要了解真正的三国历史,必须读《三国志》。直到现在,还有不少人把文艺作品中的三国故事当作历史上的真事,把史书《三国志》和小说《三国演义》混为一谈,所以我们有必要先作一点说明,然后再来介绍陈寿与《三国志》。

二

陈寿字承祚,巴西郡安汉县(今四川南充市)人,生于蜀汉后主建兴十一年(233),《晋书》和《华阳国志》有传。他从小好学,曾拜著名史学家谯周为师。谯周学问渊博,著有《古史考》、《后汉记》等多种著作。在谯周的指导和影响下,陈寿攻读《尚书》、《春秋》三传,特别用功钻研《史记》、《汉书》,这就为他一生的史学事业奠定了基础。在蜀汉时曾作过东观郎、秘书郎、黄门侍郎等官,由于不愿谄附专权的宦官黄皓,多次被谴责贬黜。入晋之后,又因为他不注意遵守封建礼教,生病时使侍婢调制药丸,受到乡里贬议,好长时间没能做官。后来由于著名学者张华的惜才辩护,被举为孝廉,任著作郎,出补平阳侯相(相当于县令),再任著作郎,转治书侍御史。后因继母去世而离职。他遵照继母遗嘱将她葬在洛阳,而没有送回家乡与父亲葬在一起，因此又被人谴责。过了几年才被起用为太子中庶子，但还未上任，就于晋惠帝元康七年(297)病死在洛阳，年六十五。陈寿为人正直，不趋从流俗，一生仕途坎坷，做官不超过六品，当时很多人为他感到委屈。

他的著作很多，共有二百余篇(卷)，主要是历史著作。他广泛搜集巴蜀汉中地区从汉代以来的人物事迹，于晋初写成《益部耆旧传》十卷，材料丰富，是四川地方史的一部重要著作，受到后代重视，显示了他的史才。在第一次任著作郎和任平阳侯相期间，他又受命收集整理诸葛亮的遗著和有关资料，于晋武帝泰始十年编成《诸葛亮集》(又称《诸葛亮故事》)，共二十四篇。他写了一篇进书表，后来他把这篇表附录在《三国志·诸葛亮传》之后，在表中他对诸葛亮作了高度评价。

这两部书的编写为他写《三国志·蜀志》打下了基础。

晋武帝咸宁六年(280)平吴之后，陈寿开始收集三国史料，写成《三国志》。这部书的完成大约在太康年间(280—289)。当时人称赞他“善叙事，有良史之才”。夏侯湛正在写《魏书》，看了《三国志》，便把自己写的稿子毁了。陈寿死后，尚书郎范頵向晋惠帝上表推荐此书，说它“辞多劝戒，明乎得失，有益风化，虽文艳不若相如，而质直过之”。惠帝下诏于陈寿在洛阳的家中进行抄录。

此外，陈寿还写过一部《古国志》，共五十篇，《华阳国志》称赞此书“品藻典雅”。可惜陈寿的上述著作，除了《三国志》外，都已失传。

三

《三国志》共六十五卷，包括《魏书》三十卷、《蜀书》十五卷、《吴书》二十卷，后人又称为《魏志》、《蜀志》、《吴志》。本书的体裁，上承《史记》、《汉书》、《东观汉记》，采用纪传体，但它只有纪、传，而无表、志。志是典章制度的专史，最不好写，大概陈寿收集的材料不足，所以没有写志。本书是一部断代史，但他根据当时的具体情况，三国各自为书，可分可合，这也是一种创造。在陈寿之前，记述三国史事的史书，有魏郎中鱼豢的《魏略》三十八卷，魏秘书监王沈的《魏书》四十四卷，吴侍中韦昭的《吴书》五十五卷，都是纪传体。《三国志》的魏、吴部分，主要取材于以上三书。唯独蜀汉，当时既没有设置史官专修国史，也没有私家撰述的蜀史①，因此陈寿写《蜀书》，完全是他自己收集的材料。

陈寿对材料的处理，态度相当严谨审慎，这是本书的一个很大的优点。清代学者赵翼在《廿二史札记》中说："其剪裁斟酌处，亦自有下笔不苟者。参订他书，而后知其矜慎也。"例如《献帝传》载曹丕代汉时，有群臣所上劝进表十一道，曹丕所下辞让令也是十余道，劝进是谀词，辞让是虚伪，所以陈寿一律不收。关于诸葛亮事迹，文字记载和口头传说很多，陈寿在写《诸葛亮传》时作了谨慎选择。如《魏略》说在荆州时，诸葛亮先见刘备，刘备以其年少而轻视他，亮说备以荆州客户补兵，刘备才了解诸葛亮。这与《出师表》说"先帝不以臣卑鄙，三顾臣于草庐之中"不合，所以陈寿不取此说。又如后世传为美谈的"七擒孟获"、

---

① 陈寿有个朋友叫王崇，也是蜀人，与陈寿同仕于蜀、晋。他也写过一部《蜀书》，但不知在何时，陈寿可能没有看到。《华阳国志》说："其书与陈寿颇不同。"

"空城计"故事，大概当时已有这类传说，晋朝人加以记载（见裴松之注引）；但"七擒七纵"事属可疑，"空城计"事更与史实不合，因此陈寿一概摒弃。又《吴书·陆凯传》后附录陆凯谏孙皓的一篇表，陈寿特加说明："予连从荆、扬来者得凯所谏皓二十事，博问吴人，多云不闻凯有此表。……虚实难明，故不著于篇；然爱其指擿皓事，足为后戒，故抄列于凯传左云。"由此更可见陈寿处理史料的慎重。

陈寿记载史事，一般还能据实直书，如对魏、吴赋役繁重、刑政酷虐有不少揭露。对历史人物的评价也还比较客观公正。《晋书·陈寿传》记载有一种说法，批评陈寿曾向丁仪、丁廙的儿子索米不遂，因此不为丁仪、丁廙立传。又说陈寿的父亲曾任马谡的参军，马谡失街亭后被诸葛亮处以髡刑，因此陈寿对诸葛亮不满，在《诸葛亮传》中贬低诸葛亮，说"应变将略非其所长"。这两条批评都是没有根据的。丁仪、丁廙不过是曹魏时的一般文士，而且是公认的倾巧小人，《三国志》中不为他们立传完全应该。对诸葛亮，陈寿是极其崇敬的，在《三国志》中他给予诸葛亮的赞誉超过其他任何人，包括曹操。他把诸葛亮与古代的贤相管仲、萧何、召公、子产相比美，而且特别称赞他："终于邦域之内，咸畏而爱之，刑政虽峻而无怨者，以其用心平而劝戒明也。"这正说明他对诸葛亮并没有私人怨恨。他指出诸葛亮"应变将略非其所长"，这恰恰是一种实事求是的态度，并非挟嫌贬损。

不过，《三国志》一书，在写曹魏历史时，确有不少曲笔。在三国之中，它以曹魏为正统。按照纪传体的通例，帝王的传称为"本纪"或"纪"，臣下的传称为"传"。《三国志》将曹操与曹丕以下诸帝的传题为《武帝纪》、《文帝纪》

等等；而对于蜀、吴二国君主，则称为《先主传》、《后主传》、《吴主传》等等。后世一些学者从封建正统思想出发，认为应以蜀汉为正统。从这种立场来指责《三国志》自不足取，但《三国志》的尊魏毕竟不是客观公正的态度。当然陈寿这样作是可以理解的，因为晋朝的天下是从曹魏接过来的（实际上是夺过来的），否认魏为正统，也就否认了晋是正统，陈寿不能也不敢这样作。同样的道理，他在写到涉及司马氏的事的时候，也就不能不有所忌讳回护。《廿二史札记》中专有《〈三国志〉多回护》一条，举了很多例子。比如司马师废齐王曹芳，据《魏略》记载，郭太后事先并不知道。司马师派人逼取皇帝玺绶，太后说："我欲见大将军（指司马师），口有所说。"可见她是不赞成的。而《三国志·三少帝纪》记此事，反而全载司马师一手炮制的所谓"太后令"，极言齐王无道不孝，证明齐王当废。又如高贵乡公曹髦痛恨司马昭的专权，发兵讨司马昭。司马昭的心腹贾充派成济将他刺死，罪魁实是司马昭。而《三少帝纪》对于这件事仅记载："五月己丑，高贵乡公卒。"不写他是怎么死的。以下又抄录一大篇"皇太后令"，说高贵乡公大逆不道，祸由自取。并载司马昭的奏，表明司马昭不但无罪，反而有功。这就完全颠倒了历史。像这一类曲笔，确是《三国志》很大的缺点，但这也是几乎所有封建史家的通病，特别是改朝换代之后，新朝初期的封建史家写前朝历史时的通病，不能独责于陈寿。

《三国志》还有一个特点，就是简洁。叙事精心裁择，要而不繁；文字仔细推敲，质朴简练。但另一方面，由于他刻意追求简洁，也带来两个缺点：一是过分简略，许多当收的重要史料没有收（例如关于曹操屯田的资料），许多当立传的重要人物没有立传(例如大医学家张仲景、机械专家马钧,等等);更不用说它只有纪传而无志,这就大大影响了它的史料价值。二是文章缺少文采,不够生动。清朝学者李慈铭说:"承祚固称良史,然其意务简洁,故裁制有余,文采不足。当时人物,不减秦汉之际,乃子长(司马迁)《史记》,声色百倍,承祚此书,暗然无华。范蔚宗(范晔)《后汉书》较为胜矣。"这个评论是正确的。

总的来看,《三国志》不失为一部优秀的历史著作。在"二十四史"当中,它虽比不上《史记》、《汉书》,也比不上《后汉书》,但胜于其他各史。因此后人将它同前三史并列,称为"四史",公认为"二十四史"中的上乘之作。

四

因为《三国志》对后世影响很大,所以后人为它作注的很多。其中最早也最有名的是刘宋史学家裴松之的注。裴松之(372—451)字世期,祖籍河东闻喜(今山西闻喜)。做过郡太守、国子博士、中书侍郎、太中大夫等官。他奉宋文帝的命令写《三国志注》,元嘉六年写成后上表说:"寿书铨叙可观,事多审正,诚游览之园囿,近世之嘉史。然失在于略,时有所脱漏。臣奉旨寻详,务在周悉,上搜旧闻,旁摭遗逸。……其寿所不载,事宜存录者,则罔不毕取,以补其阙。或同说一事,而辞有乖杂,或出事本异,疑不能判,并皆抄内(纳),以备异闻。若乃纰缪显然,言不附理,则随违矫正,以惩其妄。其时事当否及寿之小失,颇以愚意有所论辩。"这就是说,他的注有四条宗旨,即补缺漏、备异闻、惩谬妄、辩事实,而不是一般地解释文字。为此,他旁搜博采,为《三国志》补充了大量重要的史料。裴注中所引用的书多达二百一十余种,其中百分之九十以上今天已经失传,因此它有很高的资料价值。

清代以来,不少学者在整理研究《三国志》和裴注方面下了很大功夫。民国年间,学者卢弼汇集前人研究的成果,加上自己的心得,编成《三国志集解》一书,是目前最详的《三国志》注本,解放后已出排印本。

有关《三国志》的普及读物,以四川大学缪钺教授主编的《三国志选注》(1984 年中华书局版)最好。此书选文精当,注释详明,不仅适于具有中等文化的读者阅读,对专家学者也有参考的价值。

为了引起更多的读者对阅读《三国志》的兴趣,我们写了这本《三国志选译》,选译了《三国志》中的纪、传十篇。选文的标准,一是魏、蜀、吴三书各有一点;二是选择政治、军事、文学、科技等各方面较有代表性的、影响较大的人物;三是文章写得比较生动,有一定故事性。本书的正文依据中华书局标点本《三国志》,只是对某些标点不当或分段不妥之处作了小的改动。文字校改符号仍为:讹误或多余的字用小字圆括号,正字或增补的字用大字方括号。各传一般保持全篇,仅在几处有所省略。为了帮助读者理解正文与译文,书中又作了简明的注释,凡前后互见者(特别是地名较多),只在前面作注,后文不再重复。

刘　琳

武 帝 纪

这是《三国志》的第一篇，是一篇完整的曹操传。在司马迁开创的纪传体史书中，皇帝的传记称为“本纪”，又单称“纪”。它以编年的形式记述一代史事的概要，是纪传体史书的纲领。《三国志》以曹魏为正统，魏国皇帝的传都称“纪”。曹操虽然没有当皇帝，但他是魏国的开国者，曹丕称帝之后，追尊为武皇帝，庙号叫太祖，因此《三国志》把他的传也称为“纪”。曹操(155—220)是我国历史上杰出的政治家、军事家。他出生在一个宦官家庭，汉末起兵参与镇压黄巾军、讨伐董卓。后来在封建军阀和割据势力的混战之中，他渐次扫平群雄，特别是官渡一战，击败袁绍；以后又北征乌丸，西定关陇，统一了中国北方。他一生南征北战，东伐西讨，大小数十战，胜多败少，充分体现了卓越的军事指挥才能。在政治上，他抑制豪强，整顿吏治，不拘一格录用人才。在经济上，他兴立屯田，发展农业生产。所有这些，使他对中国历史的发展作出了较大贡献。但在个人品格上，他心胸稍狭，生性残暴，杀戮过甚，以至颇失人心。本篇记录了曹操一生的主要活动，是我们了解曹操这位历史人物和三国历史的基本文献。篇幅虽然长一点，但读《三国志》不可不读。不过本篇在有的方面过于简略，一些重要的史料没有收录，对曹操一生的活动还反映得不够全面，比如对他在文学方面的贡献就只字未提。因此我们在阅读本篇时最好能参阅裴松之注和其他一些记载。

太祖武皇帝，沛国谯人也①，姓曹，讳操，字孟德，汉相国参之后。桓帝世，曹腾为中常侍、大长秋②，封费亭侯③。养子嵩嗣，官至太尉④，莫能审其生出本末。嵩生太祖。

太祖少机警，有权数，而任侠放荡，不治行业，故世人未之奇也；惟梁国桥玄、南阳何颙异焉。玄谓太祖曰："天下将乱，非命世之才不能济也，能安之者，其在君乎！"年二十，举孝廉为郎⑤，除洛阳北部尉⑥，迁顿丘令⑦，征拜议郎⑧。

【注释】

① 沛：王国名，治相县，在今安徽濉溪县西北。谯：县名，在今安徽亳州。② 中常侍：皇帝侍从，东汉由宦官担任。大长秋：皇后近侍，东汉多用宦官。③ 东汉有封地的爵位有王、公、侯，侯又分县侯、乡侯、亭侯。④ 太尉：东汉

中央的高级官吏之一。东汉以太尉、司徒、司空为三公。⑤ 孝廉：汉代选举的主要科目，取其孝顺廉洁，每年由各郡国按人口比例荐举。郎：皇帝侍从官的通称。有议郎、侍郎、郎中等，东汉尚书郎亦称郎。⑥ 除：任命作官。尉：县的佐官，掌察捕盗贼，维护治安。⑦ 顿丘：县名，在今河南清丰县西南。⑧ 拜：授官。议郎：掌顾问应对，议论朝政。

光和末①，黄巾起。拜骑都尉②，讨颍川贼③。迁为济南相④。国有十余县，长吏多阿附贵戚，赃污狼藉，于是奏免其八；禁断淫祀，奸宄逃窜，郡界肃然。久之，征还为东郡太守⑤，不就，称疾归乡里。

顷之，冀州刺史王芬、南阳许攸、沛国周旌等连结豪杰，谋废灵帝，立合肥侯⑥，以告太祖。太祖拒之，芬等遂败。

【注释】

① 光和：汉灵帝年号，共七年（178—184）。② 骑都尉：军官名，统率皇帝卫队中的羽林骑兵。③ 颍川：郡名，治阳翟县，即今河南禹州。④ 济南：王国名，治东平陵县，在今山东历城东。相：王国行政长官，相当于郡太守。⑤ 东郡：治濮阳县，在今河南濮阳西南。太守：郡的长官。⑥ 合肥侯：其人不详。

金城边章、韩遂杀刺史郡守以叛，众十余万，天下骚动。征太祖为典军校尉[①]。会灵帝崩，太子即位[②]，太后临朝。大将军何进与袁绍谋诛宦官，太后不听。进乃召董卓，欲以胁太后，卓未至而进见杀。卓到，废帝为弘农王而立献帝，京都大乱。卓表太祖为骁骑校尉[③]，欲与计事。太祖乃变易姓名，间行东归。出关，过中牟[④]，为亭长所疑[⑤]，执诣县，邑中或窃识之，为请得解。卓遂杀太后及弘农王。太祖至陈留[⑥]，散家财，合义兵，将以诛卓。冬十二月，始起兵于己吾[⑦]。是岁，中平六年也[⑧]。

【注释】

① 典军校尉：禁卫军军官名，为汉灵帝所置“西园八校尉”之一。汉代军官名称，最高为将军，次为中郎将、校尉、都尉等。② 太子：指汉少帝刘辩。③ 骁骑校尉：也是禁军军官。④ 中牟：县名，在今河南中牟县东。⑤ 亭长：汉代地方行政组织，县下有乡，乡下有亭，大致十里一亭。亭设亭长。⑥ 陈留：县名，为陈留郡治，在今开封市东南。⑦ 己吾：县名，在今河南宁陵县西南。⑧ 中平六年：公元189年。

初平元年春正月[①]，后将军袁术、冀州牧韩馥、豫州刺史孔伷、兖州刺史刘岱、河内太守王匡、勃海太守袁绍、陈留太守张邈、东郡太守桥瑁、山阳太守袁遗、济北相鲍信同时俱起兵[②]，众各数万，推绍为盟主。太祖行奋武将军③。

二月，卓闻兵起，乃徙天子都长安。卓留屯洛阳，遂焚宫室。是时绍屯河内，邈、岱、瑁、遗屯酸枣④，术屯南阳⑤，伷屯颍川，馥在邺。卓兵强，绍等莫敢先进。太祖曰："举义兵以诛暴乱，大众已合，诸君何疑！向使董卓闻山东兵起⑥，倚王室之重，据二周之险⑦，东向以临天下，虽以无道行之，犹足为患；今焚烧宫室，劫迁天子，海内震动，不知所归，此灭亡之时也。一战而天下定矣，不可失也。"遂引兵西，将据成皋⑧。邈遣将卫兹分兵随太祖。到荥阳汴水⑨，遇卓将徐荣，与战不利，士卒死伤甚多。太祖为流矢所中，所乘马被创，从弟洪以马与太祖，得夜遁去。荣见太祖所将兵少，力战尽日，谓酸枣未易攻也，亦引兵还。

【注释】

① 初平：汉献帝年号。初平元年即公元 190 年。② 后将军：汉代有前、后、左、右将军，统兵，位次上卿。冀州：约辖今河北省南部，治邺县，在今河北临漳西南。牧：汉代州的长官为刺史，汉灵帝时改刺史为牧，权位重于刺史。豫州：约辖今河南东部、安徽北部地，治谯县，即今安徽亳州。兖州：约辖今山东西部及河南东部部分地区，治昌邑县，在今山东金乡县西北。河内：郡名，治怀县，在今河南武陟县西南。勃海：郡名，治南皮县，在今河北南皮县东北。山阳：郡名，治昌邑县。济北：王国名，治卢县，在今山东长清南。③ 行：暂任或代理某项官职。奋武将军：杂号将军（即前、后、左、右将军之外的将军）之一。④ 酸枣：

县名，在今河南延津县西南。⑤ 南阳：郡名，治宛县，即今河南南阳市。⑥ 山东：指河南崤山以东。⑦ 二周：东周初，平王迁都王城，在今洛阳；春秋末，周敬王迁都成周，在今洛阳东。于是称成周为东周，王城为西周。⑧ 成皋：县名，在今河南荥阳西。⑨ 荥阳：县名，在今荥阳东北。

太祖到酸枣，诸军兵十余万，日置酒高会，不图进取。太祖责让之，因为谋曰："诸君听吾计：使勃海引河内之众临孟津[①]；酸枣诸将守成皋，据敖仓[②]，塞轘辕、太谷[③]，全制其险；使袁将军率南阳之军军丹、析[④]，入武关[⑤]，以震三辅[⑥]。皆高垒深壁，勿与战，益为疑兵，示天下形势，以顺诛逆，可立定也。今兵以义动，持疑而不进，失天下之望，窃为诸君耻之！"邈等不能用。

【注释】

① 孟津：黄河渡口，在今河南孟州南。② 敖仓：粮仓名，在今河南荥阳西北。③ 轘辕：关名，在今河南偃师东南。太谷：关名，在今洛阳东南。均为险要之地。④ 丹：丹水县，在今河南淅川县西。析：县名，即今河南西峡县。⑤ 武关：在今陕西商南县南。⑥ 三辅：指长安周围的京兆尹、左扶风、右冯翊三郡。

太祖兵少，乃与夏侯惇等诣扬州募兵[①]，刺史陈温、

丹杨太守周昕与兵四千余人。还到龙亢[②]，士卒多叛。至铚、建平[③]，复收兵得千余人，进屯河内。

刘岱与桥瑁相恶，岱杀瑁，以王肱领东郡太守。

袁绍与韩馥谋立幽州牧刘虞为帝[④]，太祖拒之。绍又尝得一玉印，于太祖坐中举向其肘，太祖由是笑而恶焉。

【注释】

① 扬州：大致辖今安徽省淮水以南、江苏省长江以南及浙江、福建、江西等省。治寿春，在今安徽寿州。② 龙亢（gāng）：县名，在今安徽怀远县西。③ 铚（zhì）：县名，在今安徽宿州西南。建平：县名，在今河南永城西南。④ 幽州：辖今河北省一部，北京、天津市地及辽宁省大部。治蓟县，即今北京。

二年春，绍、馥遂立虞为帝，虞终不敢当。

夏四月，卓还长安。

秋七月，袁绍胁韩馥，取冀州。

黑山贼于毒、白绕、眭固等十余万众略魏郡、东郡[①]，王肱不能御。太祖引兵入东郡，击白绕于濮阳，破之。袁绍因表太祖为东郡太守，治东武阳[②]。

【注释】

① 黑山贼：东汉末与黄巾同时起义的一支农民军。黑山在河南浚县西北太行山中。眭（suī）：姓。魏郡：治邺

县。② 东武阳：县名，在今山东莘县南。

三年春，太祖军顿丘，毒等攻东武阳。太祖乃引兵西入山，攻毒等本屯。毒闻之，弃武阳还。太祖要击眭固，又击匈奴于扶罗于内黄①，皆大破之。

夏四月，司徒王允与吕布共杀卓。卓将李傕、郭汜等杀允攻布，布败，东出武关。傕等擅朝政。

青州黄巾众百万入兖州②，杀任城相郑遂③，转入东平④。刘岱欲击之，鲍信谏曰："今贼众百万，百姓皆震恐，士卒无斗志，不可敌也。观贼众群辈相随，军无辎重，唯以钞略为资⑤，今不若畜士众之力，先为固守。彼欲战不得，攻又不能，其势必离散。后选精锐，据其要害，击之可破也。"岱不从，遂与战，果为所杀。信乃与州吏万潜等至东郡迎太祖领兖州牧。遂进兵击黄巾于寿张东⑥。信力战斗死，仅而破之。购求信丧不得，众乃刻木为信形状，祭而哭焉。追黄巾至济北，乞降。冬，受降卒三十余万，男女百余万口，收其精锐者，号为青州兵。

袁术与绍有隙，术求援于公孙瓒，瓒使刘备屯高唐⑦，单经屯平原⑧，陶谦屯发干⑨，以逼绍。太祖与绍会击，皆破之。

【注释】

① 于扶罗：南匈奴首领名。② 青州：辖今山东省北部地，治临淄，在今山东旧临淄县北。③ 任城：王国名，即今

山东济宁。④ 东平：王国名，治无盐县，在今山东东平县东。⑤ 钞：同“抄”。⑥ 寿张：县名，在今山东东平县西南。⑦ 高唐：县名，在今山东禹城西南。⑧ 平原：县名，在今山东平原县西南。⑨ 发干：县名，在今山东旧堂邑县西南。

四年春，军鄄城①。荆州牧刘表断术粮道，术引军入陈留，屯封丘②，黑山余贼及于夫罗等佐之。术使将刘详屯匡亭③。太祖击详，术救之，与战，大破之。术退保封丘，遂围之，未合，术走襄邑④。追到太寿⑤，决渠水灌城。走宁陵⑥，又追之，走九江⑦。夏，太祖还军定陶⑧。

下邳阙宣聚众数千人，自称天子；徐州牧陶谦与共举兵⑨，取泰山华、费⑩，略任城。秋，太祖征陶谦，下十余城，谦守城不敢出。

是岁，孙策受袁术使渡江，数年间遂有江东。

【注释】

① 鄄城：县名，在今山西鄄城县北。② 封丘：县名，即今河南封丘县。③ 匡亭：在今河南长垣县境。④ 襄邑：县名，即今河南睢县。⑤ 太寿：县名，在今河南宁陵、睢县一带。⑥ 宁陵：县名，在今河南宁陵县南。⑦ 九江：郡名，治寿春，即今安徽寿州。⑧ 定陶：县名，在今山东定陶西北。⑨ 徐州：辖今山东东南部、江苏北部。治下邳，在今江苏睢宁西北。⑩ 泰山：郡名，治奉高县，在今山东泰安东。华：县名，在今费县东北。费（mì）：侯国名，在今山东费县

西北。

兴平元年春①，太祖自徐州还。初太祖父嵩，去官后还谯，董卓之乱，避难琅邪②，为陶谦所害，故太祖志在复仇东伐。夏，使荀彧、程昱守鄄城，复征陶谦，拔五城，遂略地至东海③。还过郯，谦将曹豹与刘备屯郯东，要太祖。太祖击破之，遂攻拔襄贲④，所过多所残戮。

【注释】

① 兴平元年：公元 194 年。② 琅邪：王国名，治开阳县，在今山东临沂北。③ 东海：郡名，治郯县，在今山东郯城县北。④ 襄贲（féi）：县名，在今山东苍山县南。

会张邈与陈宫叛迎吕布，郡县皆应。荀彧、程昱保鄄城，范、东阿二县固守①，太祖乃引军还。布到，攻鄄城不能下，西屯濮阳。太祖曰："布一旦得一州，不能据东平，断亢父、泰山之道乘险要我②，而乃屯濮阳，吾知其无能为也。"遂进军攻之。布出兵战，先以骑犯青州兵。青州兵奔，太祖陈乱③，驰突火出，坠马，烧左手掌。司马楼异扶太祖上马，遂引去。未至营，止。诸将未与太祖相见，皆怖。太祖乃自力劳军，令军中促为攻具，进，复攻之。与布相守百余日。蝗虫起，百姓大饿，布粮食亦尽，各引去。

秋九月，太祖还鄄城。布到乘氏[4]，为其县人李进所破，东屯山阳。于是绍使人说太祖，欲连和。太祖新失兖州，军食尽，将许之。程昱止太祖，太祖从之。冬十月，太祖至东阿。

是岁谷一斛五十余万钱，人相食，乃罢吏兵新募者。陶谦死，刘备代之。

【注释】

① 范：县名，在今河南范县东南。东阿：县名，在今山东阳谷县东北。② 亢父（gāng fǔ）：县名，在今山东济宁市南。③ 陈（zhèn）：同“阵”。④ 乘氏：侯国名，在今山东巨野县西南。

二年春，袭定陶，济阴太守吴资保南城[1]，未拔。会吕布至，又击破之。夏，布将薛兰、李封屯巨野[2]，太祖攻之。布救兰，兰败，布走，遂斩兰等。布复从东缗与陈宫将万余人来战[3]。时太祖兵少，设伏，纵奇兵击，大破之，布夜走。太祖复攻，拔定陶，分兵平诸县。布东奔刘备，张邈从布，使其弟超将家属保雍丘[4]。秋八月，围雍丘。冬十月，天子拜太祖兖州牧。十二月，雍丘溃，超自杀，夷邈三族[5]。邈诣袁术请救，为其众所杀，兖州平。遂东略陈地[6]。

是岁，长安乱，天子东迁，败于曹阳[7]，渡河幸安邑[8]。

【注释】

① 济阴：郡名，治定陶。② 巨野：县名，在今山东巨野县南。③ 东缗：县名，在今山东金乡县西北。④ 雍丘：县名，在今河南杞县。⑤ 三族：父族、母族、妻族。⑥ 陈：王国名，治陈县，即今河南淮阳县。⑦ 曹阳：亭名，在今河南灵宝东北。杨奉、董承等护送汉献帝东还，李傕、郭汜来追，杨奉等在曹阳战败。⑧ 幸：古代称皇帝所至为幸。安邑：县名，在今山西夏县西北。

建安元年春正月①，太祖军临武平②，袁术所置陈相袁嗣降。

太祖将迎天子，诸将或疑，荀彧、程昱劝之，乃遣曹洪将兵西迎。卫将军董承与袁术将苌奴拒险，洪不得进。

汝南、颍川黄巾何仪、刘辟、黄邵、何曼等③，众各数万，初应袁术，又附孙坚。二月，太祖进军攻破之，斩辟、邵等，仪及其众皆降④。天子拜太祖建德将军。夏六月，迁镇东将军，封费亭侯。秋七月，杨奉、韩暹以天子还洛阳，奉别屯梁⑤。太祖遂至洛阳，卫京都，暹遁走。天子假太祖节钺，录尚书事⑥。洛阳残破，董昭等劝太祖都许⑦。九月，车驾出轘辕而东⑧，以太祖为大将军⑨，封武平侯。自天子西迁，朝廷日乱，至是宗庙社稷制度始立⑩。

天子之东也，奉自梁欲要之，不及。冬十月，公征奉⑪，奉南奔袁术，遂攻其梁屯，拔之。于是以袁绍为太尉，绍耻班在公下，不肯受。公乃固辞，以大将军让绍。天子拜公司空，行车骑将军⑫。

是岁用枣祗、韩浩等议，始兴屯田。

【注释】

①建安：汉献帝年号，公元196—220年。②武平：县名，在今河南鹿邑县西北。③汝南：郡名，治平舆县，在今河南平舆县北。④据后面建安五年的记载，刘辟并未死。清代学者沈家本说，这两句似应作“斩邵等，辟、仪及其众皆降”。⑤梁：县名，在今河南汝州西。⑥假：借，意即授予。节：符节。钺：黄钺，形似大斧。假节，军事期间有权杀犯军令者；假黄钺，总统内外诸军。录尚书事：总领尚书事，亦即统领朝政。⑦许：县名，在今河南许昌东。⑧车驾：古代对皇帝的代称。辕辕：见前。⑨大将军：将军的最高称号，位在三公上。⑩社：土神。稷：谷神。古代帝王必立社稷祭祀。⑪本篇从这里开始称曹操为“公”，因为以前无专官，至此始为三公。⑫车骑将军：次于大将军、骠骑将军，位比三公。

吕布袭刘备，取下邳①，备来奔。程昱说公曰：“观刘备有雄才而甚得众心，终不为人下，不如早图之。”公曰：“方今收英雄时也，杀一人而失天下之心，不可。”

张济自关中走南阳②。济死，从子绣领其众。二年春正月，公到宛，张绣降；既而悔之，复反。公与战，军败，为流矢所中，长子昂、弟子安民遇害。公乃引兵还舞阴[③]，绣将骑来钞，公击破之。绣奔穰[④]，与刘表合。公谓诸将曰："吾降张绣等，失不便取其质，以至于此。吾知所以败。诸卿观之，自今以后不复败矣。"遂还许。

袁术欲称帝于淮南，使人告吕布，布收其使，上其书。术怒，攻布，为布所破。秋九月，术侵陈，公东征之。术闻公自来，弃军走，留其将桥蕤、李丰、梁纲、乐就。公到，击破蕤等，皆斩之。术走渡淮。公还许。

公之自舞阴还也，南阳章陵诸县复叛为绣[⑤]，公遣曹洪击之，不利，还屯叶[⑥]，数为绣、表所侵。冬十一月，公自南征，至宛。表将邓济据湖阳[⑦]。攻拔之，生擒济，湖阳降。攻舞阴，下之。

【注释】

① 下邳：县名，在今江苏睢宁县西北。② 张济：董卓部将。③ 舞阴：县名，在今河南泌阳西北。④ 穰（rǎng）：县名，在今河南邓州。⑤ 章陵：县名，在今湖北枣阳南。⑥ 叶（shè）：县名，在今河南叶县南。⑦ 湖阳：县名，在今河南唐河县南。

三年春正月，公还许，初置军师祭酒[①]。三月，公围张绣于穰。夏五月，刘表遣兵救绣，以绝军后。公将引还，绣兵来［追］，公军不得进，连营稍前。公与荀彧书曰："贼来追吾，虽日行数里，吾策之，到安众②，破绣必矣。"到安众，绣与表兵合守险，公军前后受敌。公乃夜凿险为地道，悉过辎重，设奇兵。会明，贼谓公为遁也，悉军来追。乃纵奇兵，步骑夹攻，大破之。秋七月，公还许。荀彧问公："前以策贼必破，何也？"公曰："虏遏吾归师，而与吾死地战，吾是以知胜矣。"

吕布复为袁术使高顺攻刘备，公遣夏侯惇救之，不利，备为顺所败。九月，公东征布。冬十月，屠彭城③，获其相侯谐。进至下邳，布自将逆击。大破之，获其骁将成廉。追至城下，布恐，欲降。陈宫等沮其计，求救于术，劝布出战；战又败，乃还固守，攻之不下。时公连战，士卒罢，欲还，用荀攸、郭嘉计，遂决泗、沂水以灌城。月余，布将宋宪、魏续等执陈宫，举城降，生擒布、宫，皆杀之。太山臧霸、孙观、吴敦、尹礼、昌豨各聚众。布之破刘备也，霸等悉从布。布败，获霸等，公厚纳待，遂割青、徐二州附于海以委焉，分琅邪、东海、北海为城阳、利城、昌虑郡④。

初，公为兖州，以东平毕谌为别驾⑤。张邈之叛也，邈劫谌母弟妻子，公谢遣之，曰："卿老母在彼，可去。"谌顿首无二心，公嘉之，为之流涕。既出，遂亡归。及布破，谌生得，众为谌惧。公曰："夫人孝于其亲者，岂不亦忠于其君乎！吾所求也。"以为鲁相⑥。

【注释】

① 军师祭酒：官名，掌参谋军事。② 安众：县名，在今河南镇平县东南。③ 彭城：王国名，治彭城县，即今江苏

徐州。④ 北海：王国名，治剧县，在今山东昌乐县西。城阳郡：治东武县，即今山东诸城。利城郡：本为县，在今江苏赣榆县西。昌虑郡：本为县，在今山东滕州东南。⑤ 别驾：即别驾从事史，为州牧或刺史佐史。⑥ 鲁：王国名，治鲁县，即今山东曲阜。

四年春二月，公还至昌邑[①]。张杨将杨丑杀杨[②]，眭固又杀丑，以其众属袁绍，屯射犬[③]。夏四月，进军临河，使史涣、曹仁渡河击之。固使杨故长史薛洪、河内太守缪尚留守[④]，自将兵北迎绍求救，与涣、仁相遇犬城[⑤]。交战，大破之，斩固。公遂济河，围射犬。洪、尚率众降，封为列侯[⑥]。还军敖仓，以魏种为河内太守[⑦]，属以河北事。初，公举种孝廉。兖州叛，公曰："唯魏种且不弃孤也。"及闻种走，公怒曰："种不南走越、北走胡，不置汝也！"既下射犬，生禽种，公曰："唯其才也！"释其缚而用之。

是时，袁绍既并公孙瓒，兼四州之地[⑧]，众十余万，将进军攻许。诸将以为不可敌，公曰："吾知绍之为人，志大而智小，色厉而胆薄，忌克而少威，兵多而分画不明，将骄而政令不一。土地虽广，粮食虽丰，适足以为吾奉也。"秋八月，公进军黎阳[⑨]，使臧霸等入青州，破齐、北海、东安[⑩]，留于禁屯河上。九月，公还许，分兵守官渡[⑪]。冬十一月，张绣率众降，封列侯。十二月，公军官渡。

袁术自败于陈，稍困，袁谭自青州遣迎之[⑫]。术欲从下邳北过，公遣刘备、朱灵要之。会术病死。程昱、郭嘉闻公遣备，言于公曰："刘备不可纵。"公悔，追之不及。备之未东也，阴与董承等谋反，至下邳，遂杀徐州刺史车胄，举兵屯沛⑬。遣刘岱、王忠击之，不克。

庐江太守刘勋率众降⑭，封为列侯。

【注释】

① 昌邑：县名，在今山东金乡县西北。② 张杨：当时军阀之一，官为大司马，当时驻在野王（今河南沁阳）。③ 射犬：野王县的一个聚邑，在今沁阳东北。④ 长史：三公、将军府的高级僚佐，总理府事。⑤ 犬城：地址不详，当在射犬北。⑥ 列侯：爵名，简称侯，次于诸侯王，有封邑。⑦ 河内：郡名，治怀县，在今河南武陟县西南。⑧ 四州：青、冀、幽、并。并州辖今山西大部、陕西北部和内蒙、河北各一部，治晋阳，在今山西太原市西南。⑨ 黎阳：县名，在今河南浚县东。⑩ 齐：王国名，治临淄。东安：郡名，治今山东沂水县南。⑪ 官渡：地名，在今河南中牟东北。⑫ 袁谭：袁绍长子，绍任为青州刺史。⑬ 沛：县名，即今江苏沛县。⑭ 庐江：郡名，当时治皖县，即今安徽潜山。

五年春正月，董承等谋泄，皆伏诛。公将自东征备，诸将皆曰："与公争天下者，袁绍也。今绍方来而弃之东，绍乘人后，若何？"公曰："夫刘备，人杰也，今不击，必为后患。袁绍虽有大志，而见事迟，必不动也。"郭嘉亦劝公。遂东击备，破之，生禽其将夏侯博。备走奔绍，获其妻子。备将关羽屯下邳，复进攻之，羽降。昌豨叛为备，又攻破之。公还官渡，绍卒不出。

二月，绍遣郭图、淳于琼、颜良攻东郡太守刘延于白马①，绍引兵至黎阳，将渡河。夏四月，公北救延。荀攸说公曰："今兵少不敌，分其势乃可。公到延津②，若将渡兵向其后者，绍必西应之，然后轻兵袭白马，掩其不备，颜良可禽也。"公从之。绍闻兵渡，即分兵西应之。公乃引军兼行趣白马，未至十余里，良大惊，来逆战。使张辽、关羽前登，击破，斩良。遂解白马围，徙其民，循河而西。绍于是渡河追公军，至延津南。公勒兵驻营南坂下，使登垒望之，曰："可五六百骑。"有顷，复白："骑稍多，步兵不可胜数。"公曰："勿复白。"乃令骑解鞍放马。是时，白马辎重就道，诸将以为敌骑多，不如还保营。荀攸曰："此所以饵敌，为何去之！"绍骑将文丑与刘备将五六千骑前后至。诸将复白："可上马。"公曰："未也。"有顷，骑至稍多，或分趣辎重。公曰："可矣。"乃皆上马。时骑不满六百，遂纵兵击，大破之，斩丑。良、丑皆绍名将也，再战，悉禽，绍军大震③。公还军官渡。绍进保阳武④。关羽亡归刘备。

【注释】

① 白马：县名，在今河南滑县东，在当时的黄河南岸，隔河与黎阳相对。② 延津：古黄河自今河南延津西北至滑县以北一段渡口，总称延津，当黎阳、白马之西。③ 再战悉禽：似乎是擒颜良、文丑，不通。此句《三国志・袁绍传》

作："再战，禽绍大将，绍军大震。"今据此翻译。④ 阳武：县名，在今河南原阳县东南。

八月，绍连营稍前，依沙埴为屯，东西数十里。公亦分营与相当，合战不利。时公兵不满万，伤者十二三。绍复进临官渡，起土山、地道。公亦于内作之，以相应。绍射营中，矢如雨下，行者皆蒙楯，众大惧。时公粮少，与荀彧书，议欲还许。彧以为："绍悉众聚官渡，欲与公决胜败。公以至弱当至强，若不能制，必为所乘，是天下之大机也。且绍，布衣之雄耳，能聚人而不能用。夫以公之神武明哲而辅以大顺，何向而不济！"公从之。

孙策闻公与绍相持，乃谋袭许，未发，为刺客所杀。

汝南降贼刘辟等叛应绍，略许下。绍使刘备助辟，公使曹仁击破之。备走，遂破辟屯。

袁绍运谷车数千乘至，公用荀攸计，遣徐晃、史涣邀击，大破之，尽烧其车。公与绍相拒连月，虽比战斩将，然众少粮尽，士卒疲乏。公谓运者曰："却十五日为汝破绍，不复劳汝矣。"冬十月，绍遣车运谷，使淳于琼等五人将兵万余人送之，宿绍营北四十里。绍谋臣许攸贪财，绍不能足，来奔，因说公击琼等。左右疑之，荀攸、贾诩劝公。公乃留曹洪守，自将步骑五千人夜往，会明至。琼等望见公兵少，出陈门外。公急击之，琼退保营，遂攻之。绍遣骑救琼。左右或言："贼骑稍近，请分兵拒之。"公怒曰："贼在背后，乃白！"士卒皆殊死战，大破琼等，皆斩之。绍初闻公之击琼，谓长子谭曰："就彼攻琼等，吾攻拔其营，彼固无所归矣。"乃使张郃、高览攻曹洪。郃等闻琼破，遂来降。绍众大溃，绍及谭弃军走，渡河。追之不及，尽收其辎重图书珍宝，虏其众。公收绍书中，得许下及军中人书，皆焚之。冀州诸郡多举城邑降者。

初，桓帝时有黄星见于楚、宋之分[①]，辽东殷馗善天文，言后五十岁当有真人起于梁、沛之间，其锋不可当。至是凡五十年，而公破绍，天下莫敌矣。

【注释】

① 楚：指今湖北、湖南一带古楚国地。宋：指今河南商丘一带古宋国地。

六年夏四月，扬兵河上，击绍仓亭军[①]，破之。绍归，复收散卒，攻定诸叛郡县。九月，公还许。

绍之未破也，使刘备略汝南，汝南贼共都等应之。遣蔡阳击都，不利，为都所破。公南征备。备闻公自行，走奔刘表，都等皆散。

【注释】

① 仓亭：即黄河渡口仓亭津，在今河南范县东北。

七年春正月，公军谯，令曰："吾起义兵，为天下除暴乱。旧土人民，死丧略尽，国中终日行，不见所识，使吾悽怆伤怀。其举义兵以来，将士绝无后者，求其亲戚以后之，授土田，官给耕牛，置学师以教之。为存者立庙，使祀其先人。魂而有灵，吾百年之后何恨哉！”遂至浚仪[①]，治睢阳渠，遣使以太牢祀桥玄。进军官渡。

绍自军破后，发病欧血，夏五月死，小子尚代。谭自号车骑将军，屯黎阳。秋九月，公征之，连战，谭、尚数败退，固守。

【注释】

① 浚仪：县名，即今河南开封市。

八年春三月，攻其郭，乃出战，击，大破之，谭、尚夜遁。夏四月，进军邺。五月，还许，留贾信屯黎阳。

己酉，令曰：“《司马法》‘将军死绥’[①]，故赵括之母乞不坐括[②]。是古之将者，军破于外，而家受罪于内也。自命将征行，但赏功而不罚罪，非国典也。其令诸将出征，败军者抵罪，失利者免官爵。”

秋七月，令曰：“丧乱以来，十有五年，后生者不见仁义礼让之风，吾甚伤之。其令郡国各修文学[③]，县满五百户置校官，选其乡之俊造而教学之，庶几先王之道不废，而有以益于天下。”

八月，公征刘表，军西平[④]。公之去邺而南也，谭、尚争冀州，谭为尚所败，走保平原。尚攻之急，谭遣辛毗乞降请救。诸将皆疑，荀攸劝公许之，公乃引军还。冬十月，到黎阳，为子整与谭结婚。尚闻公北，乃释平原还邺。东平吕旷、吕翔叛尚，屯阳平⑤，率其众降，封为列侯。

【注释】

①《司马法》：古兵书，成书于战国时。今有残本。② 赵括：战国时赵国名将赵奢的儿子，少读兵法，好纸上谈兵。秦攻赵，赵王不听赵括母劝阻，以括为将。赵母向赵王请求：如果赵括不称职，允许她不受连累。③ 文学：官办的地方学校。④ 西平：县名，在今河南省西平县西。⑤ 阳平：县名，在今山东莘县。

九年春正月，济河，遏淇水入白沟以通粮道①。二月，尚复攻谭，留苏由、审配守邺。公进军到洹水，由降。既至，攻邺，为土山、地道。武安长尹楷屯毛城②，通上党粮道③。夏四月，留曹洪攻邺，公自将击楷，破之而还。尚将沮鹄守邯郸，又击拔之。易阳令韩范、涉长梁岐举县降④，赐爵关内侯⑤。五月，毁土山、地道，作围堑，决漳水灌城；城中饿死者过半。秋七月，尚还救邺，诸将皆以为此归师，人自为战，不如避之。公曰："尚从大道来，当避之；若循西山来者，此成禽耳。"尚果循西山来，临滏水为营。夜遣兵犯围，公逆击破走之，遂围其营。未合，尚惧，［遣］故豫州刺史阴夔及陈琳乞降，公不许，为围益急。尚夜遁，保祁山⑥，追击之。其将马延、张顗等临陈降，众大溃，尚走中山⑦。尽获其辎重，得尚印绶节钺，使尚降人示其家，城中崩沮。八月，审配兄子荣夜开所守城东门内兵。配逆战，败，生禽配，斩之，邺定。公临祀绍墓，哭之流涕；慰劳绍妻，还其家人宝物，赐杂缯絮，廪食之。

初，绍与公共起兵，绍问公曰：“若事不辑，则方面何所可据？”公曰：“足下意以为何如？”绍曰：“吾南据河，北阻燕、代⑧，兼戎狄之众，南向以争天下，庶可以济乎。”公曰：“吾任天下之智力，以道御之，无所不可。”

九月，令曰：“河北罹袁氏之难，其令无出今年租赋。”重豪强兼并之法，百姓喜悦。天子以公领冀州牧，公让还兖州。

公之围邺也，谭略取甘陵、安平、勃海、河间⑨。尚败还中山，谭攻之，尚奔故安⑩，遂并其众。公遗谭书，责以负约，与之绝婚，女还，然后进军。谭惧，拔平原，走保南皮⑪。十二月，公入平原，略定诸县。

【注释】

① 淇水：流经河南淇县东，南入黄河。白沟：在河南浚县西，发源处接近淇水。② 武安：县名，在今河北武安西南。毛城：地名，在今河北涉县西。③ 上党：郡名，治壶关县，在今山西长治市北。④ 易阳：县名，在今河北永年县西。涉：侯国（相当于县）名，在今河北涉县西北。⑤ 关内侯：为秦汉二十等爵的第十九级，次于列侯，食一定户数的租税，但无封地。⑥ 祁山：当在今河南安阳界。⑦ 中山：王

国名，治卢奴县，在今河北定州。⑧ 燕代：指今河北北部、山西东北部一带。⑨ 甘陵：王国名，治甘陵县，在今山东临清东。安平：王国名，治信都县，在今河北冀州。河间：王国名，治乐成县，在今河北献县东南。⑩ 故安：县名，在今河北易县东南。⑪ 南皮：县名，见前注。

十年春正月，攻谭，破之，斩谭，诛其妻子，冀州平。下令曰："其与袁氏同恶者，与之更始。"令民不得复私仇，禁厚葬，皆一之于法。是月，袁熙大将焦触、张南等叛攻熙、尚①，熙、尚奔三郡乌丸②。触等举其县降，封为列侯。初讨谭时，民亡椎冰，令不得降。顷之，亡民有诣门首者，公谓曰："听汝则违令，杀汝则诛首，归，深自藏，无为吏所获。"民垂泣而去，后竟捕得。

夏四月，黑山贼张燕率其众十余万降，封为列侯。故安赵犊、霍奴等杀幽州刺史、涿郡太守③。三郡乌丸攻鲜于辅于犷平④。秋八月，公征之，斩犊等，乃渡潞河救犷平，乌丸奔走出塞。

九月，令曰："阿党比周，先圣所疾也。闻冀州俗，父子异部，更相毁誉，昔直不疑无兄⑤，世人谓之盗嫂；第五伯鱼三娶孤女⑥，谓之挝妇翁；王凤擅权⑦，谷永比之申伯⑧；王商忠议⑨，张匡谓之左道。此皆以白为黑、欺天罔君者也。吾欲整齐风俗，四者不除，吾以为羞。"冬十月，公还邺。

初，袁绍以甥高干领并州牧，公之拔邺，干降，遂以为刺史。干闻公讨乌丸，乃以州叛，执上党太守，举兵守壶关口[10]。遣乐进、李典击之，干还守壶关城。十一年春正月，公征干。干闻之，乃留其别将守城，走入匈奴，求救于单于[11]，单于不受。公围壶关三月，拔之。干遂走荆州，上洛都尉王琰捕斩之[12]。

秋八月，公东征海贼管承，至淳于[13]，遣乐进、李典击破之，承走入海岛。割东海之襄贲、郯、戚以益琅邪[14]，省昌虑郡。

【注释】

① 袁熙：袁绍次子。② 三郡乌丸：指辽西、上谷、右北平三郡的乌丸。乌丸为古代北方的一种少数民族。辽西郡治阳乐，在今辽宁义县西。上谷郡治沮阳县，在今河北怀来东南。右北平郡治土垠，在今河北丰润东。③ 涿郡：治涿县，即今河北涿州。④ 犷平：县名，在今北京市密云县东北。⑤ 直不疑：汉文帝时人，《汉书》有传。⑥ 第五伦：字伯鱼，东汉前期人。事见《后汉书·第五伦传》。⑦ 王凤：汉成帝的舅父，专断朝政。谷永谄媚王凤，说他“有申伯之忠”。⑧ 申伯：周宣王舅父。⑨ 王商：汉成帝时任丞相，被王凤排挤，蜀郡张匡迎合王凤，上书诋毁王商“执左道以乱政”。⑩ 壶关：又名壶口关，在今山西长治市东南壶口山下。下句“壶关城”指壶关县城，见前注。⑪ 单（chán）于：匈奴君主的称号。⑫ 上洛：县名，在今陕西商县。都尉：西汉时郡置都尉，相当于副太守，掌军事。东汉仅在边郡及内地的某些郡设置，分县治民，职为太守。⑬ 淳于：县名，在今山东安丘东北。⑭ 戚：县名，即今山东微山县。

三郡乌丸承天下乱，破幽州，略有汉民合十余万户。袁绍皆立其酋豪为单于，以家人子为己女，妻焉。辽西单于蹋顿尤强，为绍所厚，故尚兄弟归之，数入塞为害。公将征之，凿渠，自呼沲入泒水①，名平虏渠，又从泃河口凿入潞河②，名泉州渠，以通海。

十二年春二月，公自淳于还邺。丁酉，令曰："吾起义兵诛暴乱，于今十九年，所征必克，岂吾功哉，乃贤士大夫之力也。天下虽未悉定，吾当要与贤士大夫共定之③；而专飨其劳，吾何以安焉！其促定功行封。"于是大封功臣二十余人，皆为列侯，其余各以次受封，及复死事之孤，轻重各有差。

【注释】

① 呼沲（tuó）：即今河北滹沱河，下游为子牙河，但古今河道有变化。泒（gū）水：即今流经天津的大清河。② 泃（jù）河：即今流经河北平谷入天津市界的泃河。潞河：即今北京市通州以下的北运河。③ 要（yāo）：约。

将北征三郡乌丸，诸将皆曰："袁尚，亡虏耳，夷狄贪而无亲，岂能为尚用？今深入征之，刘备必说刘表以袭许。万一为变，事不可悔。"惟郭嘉策表必不能任备，劝公行。夏五月，至无终①。秋七月，大水，傍海道不通，田畴请为向导，公从之。引军出卢龙塞②，塞外道绝不通，乃堑山堙谷五百余里，经白檀③，历平冈④，涉鲜卑庭，东指柳城⑤。未至二百里，虏乃知之。尚、熙与蹋顿、辽西单于楼班、右北平单于能臣抵之等将数万骑逆军。八月，登白狼山⑥，卒与虏遇，众甚盛。公车重在后，被甲者少，左右皆惧。公登高，望虏陈不整，乃纵兵击之，使张辽为先锋。虏众大崩，斩蹋顿及名王以下，胡、汉降者二十余万口。辽东单于速仆丸及辽西、北平诸豪⑦，弃其种人，与尚、熙奔辽东，众尚有数千骑。初，辽东太守公孙康恃远不服，及公破乌丸，或说公遂征之，尚兄弟可禽也。公曰："吾方使康斩送尚、熙首，不烦兵矣。"九月，公引兵自柳城还，康即斩尚、熙及速仆丸等，传其首。诸将或问："公还而康斩送尚、熙，何也？"公曰："彼素畏尚等，吾急之则并力，缓之则自相图，其势然也。"十一月，至易水⑧，代郡乌丸行单于普富卢、上郡乌丸行单于那楼将其名王来贺⑨。

【注释】

① 无终：县名，在今天津蓟县。② 卢龙塞：在今河北迁西县喜峰口一带，为河北平原通东北的交通要道。③ 白檀：西汉旧县名，东汉省，故城在今河北滦平县东北。此指历其县东境。④ 平冈：西汉旧县，东汉省，故城在今辽宁凌源附近。⑤ 柳城：西汉旧县，东汉省，故城在今辽宁朝阳市南。⑥ 白狼山：当在今辽宁喀剌沁左翼蒙古族自治县境。⑦ 辽东：郡名，治襄平，在今辽宁省辽阳市。北平：即右北平郡。⑧ 易水：即今河北西部易水，源于易县境，南入拒马河。⑨ 代郡：治高柳县，在今山西阳高县。上郡：治肤施县，在今陕西榆林东南。

十三年春正月，公还邺。作玄武池以肄舟师。汉罢三公官，置丞相、御史大夫①，夏六月，以公为丞相。

秋七月，公南征刘表。八月，表卒，其子琮代，屯襄阳②；刘备屯樊③。九月，公到新野④，琮遂降，备走夏口⑤。公进军江陵⑥，下令荆州吏民，与之更始。乃论荆州服从之功，侯者十五人；以刘表大将文聘为江夏太守⑦，使统本兵；引用荆州名士韩嵩、邓义等。益州牧刘璋始受征役⑧，遣兵给军。十二月，孙权为备攻合肥⑨。公自江陵征备，至巴丘⑩，遣张憙救合肥。权闻憙至，乃走。公至赤壁⑪，与备战，不利。于是大疫，吏士多死者，乃引军还，备遂有荆州江南诸郡。

【注释】

① 御史大夫：副丞相。② 襄阳：县名，在今湖北襄阳市襄城区。③ 樊：即樊城，在今襄阳市樊城区。④ 新野：县名，即今河南新野。⑤ 夏口：即今汉口。⑦ 江陵：县名，即今湖北江陵。⑦ 江夏：郡名，刘表时治沙羡（yí），在今武昌西南。⑧ 益州：辖今四川、云南、贵州大部及甘肃、陕西、湖北之一部，治所在成都。⑨ 合肥：县名，即今安徽合肥市。⑩ 巴丘：地名，在今湖南岳阳。⑪ 赤壁：山名，在今湖北省蒲圻西北长江南岸。

十四年春三月，军至谯，作轻舟，治水军。秋七月，自涡入淮①，出肥水②，军合肥。辛未，令曰：“自顷以来，军数征行，或遇疫气，吏士死亡不归，家室怨旷，百姓流离，而仁者岂乐之哉？ 不得已也。 其令死者家无基业不能自存者，县官勿绝廪，长吏存恤抚循，以称吾意。”置扬州郡县长吏，开芍陂屯田③。 十二月，军还谯。

【注释】

① 涡(guō)：涡水，即今安徽涡河，源出河南省境，东南流至安徽怀远入淮河。② 肥水：源出今合肥市境，北流至今安徽寿县入淮。③ 芍陂：湖名，在今安徽寿县南。春秋时始开，周围百余里，为古代著名水利工程。

十五年春，下令曰：“自古受命及中兴之君，曷尝不得贤人君子与之共治天下者乎！ 及其得贤也，曾不出闾巷，岂幸相遇哉？ 上之人不求之耳。 今天下尚未定，此特求贤之急时也。 ‘孟公绰为赵、魏老则优，不可以为滕、薛大夫①。’若必廉士而后可用，则齐桓其何以霸世②！ 今天下得无有被褐怀玉而钓于渭滨者乎③？ 又得无盗嫂受金而未遇无知者乎④？ 二三子其佐我明扬仄陋，唯才是举，吾得而用之。”

冬，作铜雀台⑤。

【注释】

① 孔子语，见《论语·宪问》。孟公绰，春秋时鲁国大夫。赵、魏，春秋时晋国任卿(高级执政官)的两大家族。老，家臣。滕、薛，在今山东境内的两个小国。② 这是暗用

管仲的事。管仲贪财，但齐桓公用他为相，终成霸业。③ 褐：粗布短衣。吕尚(俗称"姜太公")微贱时钓于渭水之滨，被周文王发现并重用，终于佐周灭商，建立周朝。④ 汉初，陈平受魏无知引荐，刘邦用为都尉。有人说他与嫂私通，收受贿赂，刘邦责备魏无知。魏无知说：我推荐的是"奇谋之士"。只要对国家有利，即使盗嫂受金，又有什么可疑的呢！陈平最终成为名臣。⑤ 铜雀台：在邺县，今河北临漳县西，为著名的楼台。

十六年春正月，天子命公世子丕为五官中郎将，置官属，为丞相副①。太原商曜等以大陵叛②，遣夏侯渊、徐晃围破之。张鲁据汉中，三月，遣钟繇讨之，公使渊等出河东与繇会③。

是时关中诸将疑繇欲自袭，马超遂与韩遂、杨秋、李堪、成宜等叛。遣曹仁讨之。超等屯潼关，公敕诸将："关西兵精悍，坚壁勿与战。"秋七月，公西征，与超等夹关而军。公急持之，而潜遣徐晃、朱灵等夜渡蒲坂津④，据河西为营。公自潼关北渡，未济，超赴船急战。校尉丁斐因放牛马以饵贼，贼乱，取牛马，公乃得渡，循河为甬道而南。贼退，拒渭口⑤。公乃多设疑兵，潜以舟载兵入渭，为浮桥，夜，分兵结营于渭南。贼夜攻营，伏兵击破之。超等屯渭南，遣信求割河以西请和，公不许。九月，进军渡渭。超等数挑战，又不许；固请割地，求送任子，公用贾诩计，伪许之。韩遂请与公相见，公与遂父同岁孝廉，又与遂同时侪辈，于是交马语移时，不及军事，但说京都旧故，拊手欢笑。

既罢，超等问遂："公何言？"遂曰："无所言也。"超等疑之。他日，公又与遂书，多所点窜，如遂改定者；超等愈疑遂。公乃与克日会战，先以轻兵挑之，战良久，乃纵虎骑夹击，大破之，斩成宜、李堪等。遂、超等走凉州⑥，杨秋奔安定⑦，关中平。诸将或问公曰："初，贼守潼关，渭北道缺，不从河东击冯翊而反守潼关⑧，引日而后北渡，何也？"公曰："贼守潼关，若吾入河东，贼必引守诸津，则西河未可渡⑨；吾故盛兵向潼关，贼悉众南守，西河之备虚，故二将得擅取西河；然后引军北渡。贼不能与吾争西河者，以有二将之军也。连车树栅，为甬道而南，既为不可胜，且以示弱。渡渭为坚垒，虏至不出，所以骄之也，故贼不为营垒而求割地。吾顺言许之，所以从其意，使自安而不为备。因畜士卒之力，一旦击之，所谓疾雷不及掩耳。兵之变化，固非一道也。"始，贼每一部到，公辄有喜色。贼破之后，诸将问其故，公答曰："关中长远，若贼各依险阻，征之，不一二年不可定也。今皆来集，其众虽多，莫相归服，军无适主，一举可灭，为功差易，吾是以喜。"

冬十月，军自长安北征杨秋，围安定。秋降，复其爵位，使留抚其民人。十二月，自安定还，留夏侯渊屯长安。

【注释】

① 五官中郎将是皇帝侍从官。本为中级官职，不置官属。而曹丕任此职，汉献帝特命置官属，为丞相副手，这是逼于曹操的权势，表示特殊的荣宠。② 大陵：县名，在今

山西文水县东北。③ 河东：郡名，治安邑，在今山西夏县西北。④ 蒲坂津：黄河渡口，在今山西省永济西。⑤ 渭口：渭水入黄河的水口。⑥ 凉州：辖今甘肃、宁夏及陕西、内蒙之一部。治陇县，在今甘肃张家川。⑦ 安定：郡名，治临泾县，在今甘肃镇原县东南。⑧ 冯翊(píng yì)：郡名，治临晋，即今陕西大荔县。⑨ 西河：指今陕西东部黄河以西之地。

十七年春正月，公还邺。天子命公赞拜不名，入朝不趋，剑履上殿，如萧何故事。

马超余众梁兴等屯蓝田①，使夏侯渊击平之。割河内之荡阴、朝歌、林虑②，东郡之卫国、顿丘、东武阳、发干③，巨鹿之廮陶、曲周、南和、广平、（之）任（城）④，赵之襄国、邯郸、易阳以益魏郡⑤。

冬十月，公征孙权。

【注释】

① 蓝田：县名，即今陕西蓝田县。② 荡阴：县名，在今河南汤阴西南。朝歌：县名，今河南淇县。林虑：县名，今河南林州。③ 卫国：公国，在河南范县观城镇西。④ 巨鹿：郡名，治廮陶县，在今河北宁晋县西南。曲周：县名，在今河北曲周县东北。南和：县名，即今河北南和县。广平：县名，在今河北鸡泽县东。任：县名，在今河北任县东南。⑤ 赵：王国名，治邯郸，即今河北邯郸。襄国：县名，在今河北邢台西南。

十八年春正月，进军濡须口①，攻破权江西营，获权都督公孙阳，乃引军还。诏书并十四州，复为九州②。夏四月，至邺。

五月丙申，天子使御史大夫郗虑持节策命公为魏公③。……秋七月，始建魏社稷宗庙。天子聘公三女为贵人④，少者待年于国。九月，作金虎台⑤，凿渠引漳水入白沟以通河⑥。冬十月，分魏郡为东西部，置都尉。十一月，初置尚书、侍中、六卿⑦。

马超在汉阳⑧，复因羌、胡为害。氐王千万叛应超⑨，屯兴国⑩。使夏侯渊讨之。

【注释】

① 濡须口：在今安徽无为县南。濡须水出巢湖，南流经巢湖、无为至此入长江。② 十四州：指东汉原有的司隶、豫、冀、兖、徐、青、荆、扬、益、凉、并、幽、交十三州及建安中设置的雍州。今省幽、并入冀，省司、凉于雍，省交州入荆、益，于是有兖、豫、青、徐、荆、扬、冀、益、雍九州，此次省并实是为了扩大曹操所领的冀州。③ 策命：皇帝对臣下封土、授爵，把文辞写在简策上，叫策命。④ 贵人：皇帝妃嫔的称号，次于皇后。⑤ 金虎台：在邺县铜雀台南。⑥ 漳水：即今河北省漳河，但自磁县以下河道已变迁。⑦ 以上官皆魏国所置，略同天子。尚书处理日常政务，侍中掌侍从应对，六卿即太常、光禄勋、卫尉、太仆、大鸿胪、大司农，分理政务。⑧ 汉阳：郡名，治冀县，在今甘肃甘谷县东南。⑨ 氐：古代西北的一种少数民族。千万：氐王之名。⑩ 兴国：邑聚名，在今甘肃秦安县东北。

十九年春正月，始耕籍田①。南安赵衢、汉阳尹奉等讨超，枭其妻子，超奔汉中。韩遂徙金城②，入氐王千万部，率羌、胡万余骑与夏侯渊战，击，大破之，遂走西平③。渊与诸将攻兴国，屠之。省安东、永阳郡④。

安定太守毌丘兴将之官⑤，公戒之曰："羌、胡欲与中国通，自当遣人来，慎勿遣人往。善人难得，必将教羌、胡妄有所请求，因欲以自利；不从便为失异俗意，从之则无益事。"兴至，遣校尉范陵至羌中，陵果教羌，使自请为属国都尉⑥。公曰："吾预知当尔，非圣也，但更事多耳。"

【注释】

① 籍田：也写作"藉田"。古代天子、诸侯征用民力耕种的田。每年春耕前，天子、诸侯在籍田上象征性地用耒耜翻土，以示对农业生产的重视。② 金城：郡名，治允吾(qiān yá)，在今甘肃兰州市西北。③ 西平：郡名，治西都县，即今青海西宁市。④ 安东郡：未详。永阳郡：在今甘肃天水市附近。⑤ 毌(guàn)丘：复姓。⑥ 属国都尉：东汉于少数民族地区设置，职如太守。

三月，天子使魏公位在诸侯王上，改授金玺、赤绂、远游冠①。

秋七月，公征孙权。

初，陇西宋建自称河首平汉王②，聚众枹罕③，改元，置百官，三十余年。遣夏侯渊自兴国讨之。冬十月，屠枹罕，斩建，凉州平。公自合肥还。

十一月，汉皇后伏氏坐昔与父故屯骑校尉完书，云帝以董承被诛怨恨公④，辞甚丑恶，发闻，后废黜死，兄弟皆伏法。

十二月，公至孟津。天子命公置旄头⑤，宫殿设钟虡⑥。乙未，令曰："夫有行之士未必能进取，进取之士未必能有行也。陈平岂笃行，苏秦岂守信邪⑦？而陈平定汉业，苏秦济弱燕。由此言之，士有偏短，庸可废乎？有司明思此义，则士无遗滞，官无废业矣。"又曰："夫刑，百姓之命也，而军中典狱者或非其人，而任以三军死生之事，吾甚惧之。其选明达法理者，使持典刑。"于是置理曹掾属。

【注释】

① 按东汉的制度，诸侯王用金玺、赤绶，戴远游冠；公、侯用金印、紫绶，戴进贤冠。② 陇西：郡名，治狄道，在今甘肃临洮。③ 枹（fū）罕：县名，在今甘肃临夏东北。④ 董承被诛事见前文建安五年。⑤ 旄头：皇帝出行时，羽林骑士披发先驱，称"旄头"。⑥ 虡（jù）：悬钟磬的木架，其两侧的柱叫虡。汉光武帝曾赐东海王刘强虎贲、旄头、钟虡之乐，说明这是荣宠诸王之制。⑦ 苏秦：战国纵横家，曾说服齐国归还侵占燕国的十座城。

二十年春正月，天子立公中女为皇后。省云中、定襄、五原、朔方郡①，郡置一县领其民，合以为新兴郡②。

三月，公西征张鲁，至陈仓③，将自武都入氐④；氐人塞道，先遣张郃、朱灵等攻破之。夏四月，公自陈仓以出散关⑤，至河池⑥。氐王窦茂众万余人恃险不服，五月，公攻屠之。西平、金城诸将麴演、蒋石等共斩送韩遂首。秋七月，公至阳平⑦。张鲁使弟卫与将杨昂等据阳平关，横山筑城十余里，攻之不能拔，乃引军还。贼见大军退，其守备解散。公乃密遣解憀、高祚等乘险夜袭，大破之，斩其将杨任，进攻卫，卫等夜遁，鲁溃奔巴中⑧。公军入南郑，尽得鲁府库珍宝。巴、汉皆降。复汉宁郡为汉中⑨；分汉中之安阳、西城为西城郡⑩，置太守；分锡、上庸［为上庸］郡⑪，置都尉。

【注释】

① 云中郡：治云中县，在今内蒙托克托县东北。定襄郡：治善无县，在今山西右玉县南。五原郡：治九原县，在今包头市西北。朔方郡：治临戎县，在今内蒙磴口县北。② 新兴郡：治新立的九原县，在今山西忻州。③ 陈仓：县名，在今陕西宝鸡市东。④ 武都：郡名，治下辨县，在今甘肃成县西。⑤ 散关：即大散关，在今宝鸡西南秦岭上。⑥ 河池：县名，在今甘肃徽县西。⑦ 阳平：关名，在今陕西勉县东北，非今阳平关。⑧ 巴中：指今四川巴中、通江、南江一带。⑨ 汉宁郡：张鲁时改汉中郡为汉宁郡。⑩ 安阳：县名，在今陕西石泉县。西城：县名，在今陕西安康西北。新立的西城郡治此。⑪“为上庸”三字据《续汉书·郡国志》益州下刘昭注补。锡：县名，在今陕西白河县。上庸：

县名，即今湖北竹山县。新立的上庸郡治此。

八月，孙权围合肥，张辽、李典击破之。

九月，巴七姓夷王朴胡、賨邑侯杜濩举巴夷、賨民来附①，于是分巴郡②，以胡为巴东太守，濩为巴西太守，皆封列侯。天子命公承制封拜诸侯、守、相。

冬十月，始置名号侯至五大夫，与旧列侯、关内侯凡六等③，以赏军功。

十一月，鲁自巴中将其余众降。封鲁及五子皆为列侯。刘备袭刘璋，取益州，遂据巴中。遣张郃击之。

十二月，公自南郑还，留夏侯渊屯汉中。

【注释】

① 巴：古代四川、湖北一带的一种少数民族，賨为其中的一支。七姓：即罗、朴、昝（zǎn）、鄂、度、夕、龚。为賨人中的大姓。② 巴郡：治江州，即今重庆市。曹操并未占有此地，所分巴东、巴西二郡实为遥置。③ 六等：即列侯、关内侯、名号侯、关中侯、关外侯、五大夫。

二十一年春二月，公还邺。三月壬寅，公亲耕籍田。夏五月，天子进公爵为魏王。代郡乌丸行单于普富卢与其侯王来朝。天子命王女为公主①，食汤沐邑②。秋七月，匈奴南单于呼厨泉将其名王来朝。待以客礼，遂留魏，使右贤王去卑监其国③。八月，以大理钟繇为相国④。

冬十月，治兵，遂征孙权。十一月，至谯。

【注释】

① 汉制，皇帝女称公主，诸侯王之女称翁主或王主，此时曹操已用天子之制。② 汤沐邑：皇后、公主的封地。③ 右贤王：匈奴王号。④ 大理：官名，掌司法刑狱。相国：即丞相。

二十二年春正月，王军居巢①。二月，进军屯江西郝溪②。权在濡须口筑城拒守，遂逼攻之，权退走。三月，王引军还，留夏侯惇、曹仁、张辽等屯居巢。

夏四月，天子命王设天子旌旗，出入称警跸③。五月，作泮宫④。六月，以军师华歆为御史大夫。冬十月，天子命王冕十有二旒⑤，乘金根车⑥，驾六马⑦，设五时副车⑧，以五官中郎将丕为魏太子。

刘备遣张飞、马超、吴兰等屯下辨；遣曹洪拒之。

【注释】

① 居巢：县名，在今安徽居巢东北。② 江西：长江在今安徽省境由西南向东北流，故称江西、江东。郝溪：在居巢东。③ 警跸：古代帝王出称警，入称跸。警，警戒；跸，清道。④ 泮宫：古代诸侯所设大学。⑤ 旒：冠冕前后悬垂的玉串。天子十二旒，诸侯七旒，大夫五旒。⑥ 金根车：天子所乘车，饰以金。⑦ 古时天子之车驾六马，诸侯以下驾四

马。⑧ 五时副车：天子车后的从车，按五方配以五色，称五时副车。

二十三年春正月，汉太医令吉本与少府耿纪、司直韦晃等反①，攻许，烧丞相长史王必营②，必与颍川典农中郎将严匡讨斩之③。

曹洪破吴兰，斩其将任夔等。三月，张飞、马超走汉中，阴平氐强端斩吴兰④，传其首。

夏四月，代郡、上谷乌丸无臣氐等叛⑤，遣鄢陵侯彰讨破之。

六月，令曰："古之葬者，必居瘠薄之地。其规西门豹祠西原上为寿陵，因高为基，不封不树。《周礼》：'冢人掌公墓之地，凡诸侯居左右以前，卿大夫居后。'汉制亦谓之陪陵。其公卿大臣列将有功者，宜陪寿陵，其广为兆域，使足相容。"

秋七月，治兵，遂西征刘备。九月，至长安。

冬十月，宛守将侯音等反，执南阳太守，劫略吏民，保宛。初，曹仁讨关羽，屯樊城，是月，使仁围宛。

【注释】

① 太医令：医官名。少府：官名，掌宫中物资财政。司直：官名，佐丞相纠举不法。② 丞相长史：丞相的属官，如今秘书长。③ 典农中郎将：管屯田的军官。④ 阴平：道名（汉代少数民族聚居的县称道），在今甘肃文县西。⑤ 无臣氐：乌丸首领名，又作能臣氐。

二十四年春正月，仁屠宛，斩音。

夏侯渊与刘备战于阳平，为备所杀。三月，王自长安出斜谷①，军遮要以临汉中，遂至阳平。备因险拒守。夏五月，引军还长安。

秋七月，以夫人卞氏为王后。遣于禁助曹仁击关羽。八月，汉水溢，灌禁军，军没，羽获禁，遂围仁。使徐晃救之。

九月，相国钟繇坐西曹掾魏讽反②，免。

冬十月，军还洛阳。孙权遣使上书，以讨关羽自效。王自洛阳南征羽，未至，晃攻羽，破之，羽走，仁围解。王军摩陂③。

【注释】

① 斜(yē)谷：秦岭中的谷道。其北口在今陕西眉县西南，其南接褒谷，合称褒斜道。总长四百七十里，为关中通汉中入蜀的要道。② 西曹掾：高级官僚的属官，掌属吏的任免。魏讽为魏相国府西曹掾，与长乐卫尉陈祎等图谋袭邺城、杀曹操，事发被诛。③ 摩陂：在今河南郏县东南。

二十五年春正月，至洛阳。权击斩羽，传其首。

庚子，王崩于洛阳，年六十六。遗令曰："天下尚未安定，未得遵古也。葬毕，皆除服。其将兵屯戍者，皆不得离屯部。有司各率乃职。敛以时服，无藏金玉珍宝。"谥曰武王①。二月丁卯，葬高陵②。

评曰：汉末天下大乱，群雄并起，而袁绍虎视四州，二十四年春正月，仁屠宛，斩音。

夏侯渊与刘备战于阳平，为备所杀。三月，王自长安出斜谷①，军遮要以临汉中，遂至阳平。备因险拒守。夏五月，引军还长安。

秋七月，以夫人卞氏为王后。遣于禁助曹仁击关羽。八月，汉水溢，灌禁军，军没，羽获禁，遂围仁。使徐晃救之。

九月，相国钟繇坐西曹掾魏讽反②，免。

冬十月，军还洛阳。孙权遣使上书，以讨关羽自效。王自洛阳南征羽，未至，晃攻羽，破之，羽走，仁围解。王军摩陂③。

【注释】

① 斜(yē)谷：秦岭中的谷道。其北口在今陕西眉县西南，其南接褒谷，合称褒斜道。总长四百七十里，为关中通汉中入蜀的要道。② 西曹掾：高级官僚的属官，掌属吏的任免。魏讽为魏相国府西曹掾，与长乐卫尉陈祎等图谋袭邺城、杀曹操，事发被诛。③ 摩陂：在今河南郏县东南。

二十五年春正月，至洛阳。权击斩羽，传其首。

庚子，王崩于洛阳，年六十六。遗令曰："天下尚未安定，未得遵古也。葬毕，皆除服。其将兵屯戍者，皆不得离屯部。有司各率乃职。敛以时服，无藏金玉珍宝。"谥曰武王①。二月丁卯，葬高陵②。

评曰：汉末天下大乱，群雄并起，而袁绍虎视四州，上报朝廷，罢免其中的八人，又禁止不合规定的祭祀。因此坏人都逃窜外地，郡界秩序清静。过了很久，又被征回作东郡太守，他没有上任，推托有病，回到家乡。

不久，冀州刺史王芬、南阳人许攸、沛国人周旌等联络豪杰，图谋废除汉灵帝，立合肥侯。他们把这事告诉太祖，太祖拒绝参与，王芬等因此而失败。

金城人边章、韩遂杀死刺史、太守，发动叛乱，兵力达十几万人，天下骚动。朝廷召太祖为典军校尉。适逢汉灵帝死，太子即位，何太后临朝听政。大将军何进与袁绍策划诛杀宦官，太后不许。何进就召来董卓，想要胁迫太后。董卓还没到，何进已被宦官杀死。董卓到京城之后，废少帝为弘农王而立汉献帝，京都大乱。董卓上表举用太祖作骁骑校尉，想同他计议大事。太祖不愿，便改名换姓，走小路东归。出了虎牢关，经过中牟县，被亭长怀疑，捉了他送到县里。县城中有人暗里认识他，替他求情，得以脱身。这时董卓杀死何太后和弘农王。太祖来到陈留县，拿出家财，招集义兵，准备讨灭董卓。十二月，开始在己吾县起兵。这一年是汉灵帝中平六年。

初平元年正月，后将军袁术、冀州牧韩馥、豫州刺史孔伷、兖州刺史刘岱、河内太守王匡、勃海太守袁绍、陈留太守张邈、东郡太守桥瑁、山阳太守袁遗、济北相鲍信都同时起兵，各自有几万人马，推举袁绍作盟主。太祖暂任奋武将军。

二月，董卓听说义兵共起，就把天子迁到长安，自己留驻洛阳，并将宫室烧毁。这时袁绍屯兵河内，张邈、刘岱、桥瑁、袁遗屯兵酸枣，袁术屯兵南阳，孔伷屯兵颍川，韩馥在邺。董卓兵强，袁绍等无人敢率先进兵。太祖说："发动义兵是为了讨灭暴乱，现在大兵已经会合，诸君还犹豫什么！先前要是董卓听见东方兵起，依靠王室的权威，凭据二周的险要，东向以控制天下，尽管他的所作所为暴虐无道，不得人心，但仍然足以成为祸害。而现在他焚烧宫室，强逼天子迁都，使全国震动，人们不知该依靠谁。这正是上天要灭亡董卓的大好时机，一战就可以安定天下，不可错过时机啊。”于是太祖领兵西进，打算占据成皋。张邈派部将卫兹分兵跟随太祖。到了荥阳汴水边，碰上董卓的部将徐荣，打了一仗，结果失利，士兵死伤很多。太祖被乱箭射中，所骑的马也受了伤，幸亏他的堂弟曹洪把自己的马给他，才得以乘夜色逃走。徐荣看到太祖所带的兵虽少，但力战了一整天，认为义兵主力所在的酸枣还不容易攻下，因此也领兵回去了。

太祖到酸枣，各路军兵十多万，每天摆酒设宴，不打算进攻。太祖责备他们，并为他们谋划说：“请诸君听从我的计策：使勃海袁太守领河内的兵控制孟津，酸枣诸将把守成皋，占据敖仓，封锁轘辕关、太谷关，完全控制险要地势。又使袁术将军率领南阳的军队驻扎丹水、淅二县，进入武关，以震动三辅。各军都深壁高垒，不同敌兵交战，多布疑兵，表明天下反对董卓的强大优势，以正义讨灭叛逆，胜利指日可待。现今我们为正义而起兵，却持疑不进，使天下人失望，我真替诸君感到羞耻！”可是张邈等没有采纳太祖的意见。

太祖兵少，因此与夏侯惇等到扬州募兵，扬州刺史陈温、丹杨太守周昕给了四千多人。回到龙亢县，很多士兵叛逃。到了铚县、建平县，又收兵得一千多人，进驻河内。

这时刘岱与桥瑁关系破裂，互相仇视，刘岱杀死桥瑁，用王肱代理东郡太守。

袁绍与韩馥策划立幽州牧刘虞为皇帝，太祖拒绝支持。袁绍又曾经得到一方玉印，当太祖在场时向太祖举起挂着玉印的手臂，故意显示。太祖由此讥笑而厌恶他。

二年春，袁绍、韩馥立刘虞为皇帝，但刘虞终于不敢当。

四月，董卓回长安。

七月，袁绍胁迫韩馥，夺取冀州。

黑山贼于毒、白绕、眭固等十几万人攻打魏郡、东郡，东郡太守王肱不能抵御。太祖率兵进入东郡，在濮阳击溃了白绕。袁绍因此上表推荐太祖作东郡太守，东郡首府设在东武阳。

三年春，太祖驻军顿丘，于毒等攻打东武阳。太祖率军往西进入山区，进攻于毒等人的本营。于毒听说后，放弃东武阳而回。太祖截击眭固，又在内黄进攻匈奴于扶罗部，把他们打得大败。

四月，汉朝司徒王允与吕布杀了董卓。董卓部将李傕、郭汜等又杀死王允，进攻吕布，吕布被打败，从长安东出武关。李傕等专断朝政。

青州黄巾一百多万人进入兖州，杀死任城相郑遂，转入东平。刺史刘岱想要发兵征讨，鲍信劝阻说："现在黄巾人众百万，百姓惊恐，士兵没有斗志，是打不过的。我看贼兵和家属成群结伙地相随，军队也没有粮草物资，只靠抢掠为生。目前不如积蓄兵力，先作固守。敌人欲战不得，攻又不能，势必离散；然后挑选精锐部队，占据要害之地，发动进攻，就可以把它击溃。"刘岱不听，与黄巾作战，果然被黄巾所杀。鲍信与州吏万潜等到东郡迎接太祖代理兖州牧。于是太祖进兵，在寿张县东攻打黄巾。鲍信力战而死，这才勉强把黄巾击败。太祖悬赏寻求鲍信的尸体，没有找到，于是大家雕刻木头有如鲍信的形状以举行奠祭，人们都哭了。接着追击黄巾到济北，黄巾请求投降。这年冬季，接受降兵三十多万，男女百余万口，择取其中的精锐当兵，号称“青州兵”。

袁术与袁绍有矛盾，袁术向公孙瓒求援。公孙瓒派刘备驻高唐，单经驻平原，陶谦驻发干，以威胁袁绍。太祖与袁绍联合，打败了他们。

四年春，驻军鄄城。荆州牧刘表截断袁术的粮道，袁术率军进入陈留郡，驻扎在封丘县，黑山余部和匈奴于扶罗等都帮助他。袁术派部将刘详驻扎匡亭。太祖进攻刘详，袁术来援救，太祖同袁军接战，把他打得大败。袁术退保封丘，太祖进军包围封丘。包围圈还没合拢，袁术逃到襄邑。太祖追到太寿，决开渠水灌城；袁术跑到宁陵，太祖又追击，袁术逃往九江。到夏季，太祖回军定陶。

下邳人阙宣聚兵几千人，自称天子；徐州牧陶谦与他共同出兵，攻占泰山郡的华、费二县，并进攻任城。至秋季，太祖征陶谦，攻下十几座城，陶谦守城不敢出。

这一年，孙策受袁术派遣南渡长江，几年之间便占据了江东。

兴平元年春，太祖从徐州回兖州。起初，太祖的父亲曹嵩辞官之后回到家乡谯县，董卓之乱的时候，避难到琅邪，被陶谦杀害。因此太祖志在复仇东征。这年夏天，他派荀彧、程昱守鄄城，再次出征陶谦，攻克五座城，一直打到东海郡。回来时经过郯县，陶谦的部将曹豹与刘备驻扎在郯县东，拦击太祖。太祖打败了他们，并攻克襄贲，所过之地破坏很大，杀了很多人。

适逢此时张邈与陈宫叛变，迎接吕布，很多郡县都响应他们。只有荀彧、程昱保住了鄄城，范、东阿二县也还在坚守。太祖便领兵回来。吕布来到之后，攻打鄄城没攻下，就往西驻军濮阳。太祖说："吕布一旦得兖州，不去占据东平，截断亢父、泰山的路，凭据险要地势拦击我，却屯兵于濮阳，我看他无能为力了。"于是进军攻吕布。吕布出兵来战，先以骑兵冲青州兵，青州兵奔溃。太祖军阵大乱，骑马从火中冲出，掉下马来，烧伤了左手掌。司马楼异扶太祖上马，这才退走。还没到军营，停了下来。诸将还没有见到太祖时，都很害怕。于是太祖亲自勉力劳军，并命令军中赶紧准备好攻具，再次进攻。同吕布相持了一百多天。此时发生蝗灾，百姓大饥，吕布的粮食也吃完了，于是双方各自退兵。

九月，太祖回鄄城。吕布到乘氏县，被本县人李进打败，往东驻军山阳。这时袁绍派人劝说太祖，想要联合。太祖新近丢失兖州，军粮也完了，打算同意袁绍的要求。程昱劝阻太祖，太祖听从了。十月，太祖到东阿。

这一年，五谷一石值五十多万文钱，以至人吃人，因此，太祖遣散了新招募的士兵。也在此时，陶谦死，刘备代替他做了徐州牧。

二年春，袭击定陶。济阴太守吴资守定陶南城，未能攻下。这时吕布兵到，太祖又打败了他。夏季，吕布的部将薛兰、李封驻扎在巨野，太祖攻巨野，吕布救薛兰，薛兰战败，吕布逃走，于是杀死薛兰等。吕布又从东缗与陈宫率领万余人来战。当时太祖兵少，便设下埋伏，出奇兵攻击，把吕布军打得大败，吕布夜里逃跑。太祖再次进攻，打下定陶，并分兵平定各县。吕布往东投奔刘备，张邈跟随吕布，让他的弟弟张超带领家属守雍丘。八月间，太祖包围雍丘。十月，汉献帝任命太祖为兖州牧。十二月，雍丘被攻破，张超自杀，太祖杀了张邈三族。张邈去向袁术求救，被部下杀死，兖州平定。于是进一步东攻陈国一带。

这一年，长安大乱，汉献帝东迁，在曹阳战败，渡过黄河到达安邑。

建安元年正月，太祖的军队打到武平，袁术委派的陈国相袁嗣投降。

太祖准备迎接汉献帝，有的将领表示怀疑，荀彧、程昱支持太祖，于是派曹洪带兵西去迎接。卫将军董承与袁术的部将苌奴凭险阻挡，曹洪无法前进。

汝南、颍川地区的黄巾何仪、刘辟、黄邵、何曼等，各自有几万人，起初响应袁术，后来又投靠孙坚。二月，太祖进军打败了他们，杀掉黄邵等，刘辟、何仪与其部下都来投降。汉献帝任命太祖为建德将军。六月，升为镇东将军，封费亭侯。七月，杨奉、韩暹将天子送回洛阳，杨奉另驻梁县。太祖进兵洛阳，保卫京都，韩暹逃走。天子授与太祖符节黄钺，总统内外诸军，并录尚书事，总领朝政。洛阳残破，董昭等劝太祖迁都许县。九月，汉献帝从轘辕谷东出到了许，于是以太祖为大将军，封武平侯。自从皇帝西迁长安，朝廷一天比一天混乱，到这时才重新建立起宗庙社稷和各种制度。

当天子东迁许都的时候，杨奉想从梁县出兵拦截，但没有赶上。十月，曹公讨伐杨奉，杨奉南奔袁术，于是进攻他在梁县的军营，一举攻破。这时汉献帝任命袁绍为太尉，袁绍耻于官位在曹公之下，不肯接受。曹公因此坚决辞去大将军，而让给袁绍。于是汉献帝改任曹公为司空，代理车骑将军。

这一年，采纳枣祗、韩浩等人的建议，开始实行屯田。

吕布袭击刘备，夺取下邳，刘备来投奔。程昱劝曹公说："我看刘备有雄才而且很得人心，最终不会甘居他人之下，不如趁早除掉他。"曹公说："现今正是收揽英雄的时候，杀一个人而失去天下人的心，不行。"

张济从关中跑到南阳。张济死后，侄子张绣率领他的队伍。建安二年正月，曹公到宛县，张绣投降；但过后翻悔，又反叛。曹公同他作战，兵败，被飞箭射中，长子曹昂和弟弟的儿子曹安民都遇害。曹公带兵回到舞阴，张绣率领骑兵来攻掠，被曹公打败。张绣逃奔穰县，与刘表联合。曹公对众将说："我接受张绣等人投降，错就错在没有立即要他们交出人质，以致造成这次失败。我已经懂得为什么失败了，你们看吧，从今以后我不会再失败了。"于是回到许。

袁术想要在淮南称皇帝，使人告诉吕布，吕布拘留了他的使者，把他的信上交给朝廷。袁术恼怒，进攻吕布，被吕布打败。九月间，袁术侵犯陈县，曹公东征袁术。袁术听说曹公亲自前来，丢掉军队逃跑，只留下部将桥蕤、李丰、梁纲、乐就。曹公来到后，击败桥蕤等，把他们全都杀了。袁术逃走后，渡过淮水。曹公回到许。

当曹公从舞阴回来的时候，南阳郡的章陵等县又反叛归属张绣。曹公派曹洪前去讨伐，失利，回驻叶县，多次受到张绣、刘表侵犯。十一月，曹公亲自南征，到宛县。刘表的部将邓济据守湖阳，曹公攻克湖阳，活捉邓济，湖阳守军投降。又攻舞阴，也攻下了。

三年正月，曹公回许，开始设置军师祭酒的官职。三月，曹公包围张绣于穰县。五月，刘表派兵救张绣，以截断曹公军队的后路。曹公准备撤退。张绣来追，曹公军不能前进，于是连接兵营，缓缓推进。曹公给荀彧写信说："敌人正在追我。尽管一天只能走几里，但我估计，到了安众，必定能打败张绣。"到了安众，张绣与刘表合兵据守险要，曹公军前后受敌。于是曹公乘黑夜率军凿穿险阻，作地道，把军用物资全部运走，布置好奇兵。到天明，敌人以为曹公已经逃跑，全军来追。曹公出动奇兵，步兵骑兵一齐夹攻，把敌军打得大败。七月，曹公回到许。荀彧问曹公："您事前就已料定敌人一定被打败，为什么？"曹公说："敌人阻挡我归心很切的军队，同已被逼到死地的我军作战，因此我知道我军一定会胜利。"

吕布派遣高顺再次替袁术打刘备。曹公派夏侯惇去援救，失利，刘备被高顺打败。九月，曹公东征吕布。十月，攻破并屠戮彭城，俘获彭城相侯谐。进兵到下邳，吕布亲自率骑兵迎战。曹公把他打得大败，擒获他的猛将成廉，追到城下。吕布很害怕，想要投降。陈宫等阻止了他的计划，向袁术求救，并劝吕布出城再战，结果又被打败。于是吕布回城坚守，曹军攻城不能攻下。当时曹公连续作战，士卒疲困，想要回去。后来用荀攸、郭嘉的计策，挖开泗水、沂水以灌下邳城。过了一个多月，吕布的部将宋宪、魏续等捉了陈宫，率全城守军投降，于是生擒吕布、陈宫，把他们都杀了。在这以前，太山郡的臧霸、孙观、吴敦、尹礼、昌豨各自聚集人众。当吕布打败刘备的时候，臧霸等都归属吕布。吕布失败后，活捉了臧霸等人，曹公宽厚地接纳和对待他们，还划出青、徐二州靠海的地区委任他们治理，割琅邪、东海、北海三郡，分设城阳、利城、昌虑三个新郡。

起初，曹公任兖州牧，用东平人毕谌作别驾。当张邈反叛的时候，张邈掳走了毕谌的母亲、弟弟、妻子和儿子。曹公打发他走，说："你的老母在张邈那里，你可以走。"毕谌叩头表示决无二心，曹公称赞他，为他流下眼泪。但毕谌出来后就逃走了。及至吕布失败，毕谌被活捉，众人都为毕谌感到危惧，曹公却说："一个人能孝顺自己的父母，岂不是也能忠于君上吗？这正是我所要找的人才。"于是用毕谌作鲁国相。

四年二月，曹公回到昌邑。张杨的部将杨丑杀死张杨，眭固又杀死杨丑，带领张杨的队伍归属袁绍，驻扎在射犬。四月，曹公进军到达黄河边，派史涣、曹仁渡河击眭固。眭固使张杨原来的长史薛洪、河内太守缪尚留守，自己带兵北迎袁绍，向他求救，与史涣、曹仁在犬城相遇。双方交战，大破眭固军，杀死眭固。于是曹公渡过黄河，包围射犬。薛洪、缪尚率领部下投降，都被封为列侯。曹公回兵驻在敖仓，委派魏种做河内太守，把黄河以北的事交付给他。起初，曹公荐举魏种为孝廉。兖州反叛时，曹公说："只有魏种不会背弃我。"及至听说魏种也跑了，曹公很生气，说："只要你魏种不是往南跑到越人地区，往北跑到胡人地区，我就不会放过你！"攻下射犬之后，活捉魏种，曹公却说："就只因为舍不得他的才能啊！"给他去了绑而加以任用。

当时袁绍吞并了公孙瓒，兼有四州之地，人马十几万，将要进军攻许。诸将认为敌不过他，曹公说："我了解袁绍的为人，志向大而才智低，外表强而胆量小，嫉妒刻薄而缺乏威严，兵多而部署不明，将领骄横而政令不一。所以，土地虽然广大，粮食虽然丰富，但正好用来奉送给我。”八月，曹公进军黎阳，派臧霸等进入青州，攻破齐、北海、东安等郡，留于禁驻扎在黄河边。九月，曹公回到许，分兵守官渡。十一月，张绣率部投降，封为列侯。十二月，曹公进驻官渡。

袁术自从在陈县失败后，日渐困窘，袁谭从青州派人迎接他。袁术想经过下邳北上，曹公派刘备、朱灵拦击他。恰好这时袁术病死。程昱、郭嘉听说曹公派遣刘备，对曹公说：“刘备不能放走。”曹公后悔，派人追赶，已来不及。当刘备还没有东走的时候，暗里与董承等谋反，到了下邳，便杀死徐州刺史车胄，将军队驻在沛县。曹公派遣刘岱、王忠前去攻打，未能成功。

庐江太守刘勋率部投降，封为列侯。

五年正月，董承等人的阴谋泄露，都被处死。曹公准备亲自东征刘备。诸将都说：“同您争夺天下的人是袁绍。现在袁绍正打算前来进攻我们，而您却丢下不管，亲自东征。要是袁绍乘机袭击我后方，怎么办？”曹公说：“刘备此人，是人中的豪杰，现在不打垮他，必将成为后患。袁绍虽有大志，但见事迟，他一定不会动的。”郭嘉也支持曹公的看法，于是东攻刘备，将其击溃，活捉其部将夏侯博。刘备逃奔袁绍，只俘获了他的妻儿。刘备的部将关羽驻在下邳，曹公又进攻下邳，关羽投降。因为昌豨反叛投归刘备，所以又攻破了他。直到曹公回到官渡，袁绍终于没有出动。

二月，袁绍派郭图、淳于琼、颜良进攻驻在白马的东郡太守刘延，袁绍领兵到黎阳，将要南渡黄河。四月，曹公往北援救刘延。荀攸对曹公说："现在我们兵少敌不过袁绍，应当分散他的兵力才行。您到延津，做出将要进兵渡河攻其后方的姿态，这样袁绍必然分兵西来同我对抗；然后轻兵偷袭白马，掩其不备，颜良就可以捉住了。"曹公采纳了他的计策。袁绍听说曹公兵渡河，果然分兵往西对抗。于是曹公领兵日夜兼程径趋白马，到离白马还有十多里的地方，颜良大惊，前来迎战。曹公派张辽、关羽首先出阵，击败敌军，杀死颜良。于是解除了白马之围，迁徙当地人民，沿黄河西行。袁绍这时渡河追赶曹公的军队，到延津以南。曹公部署军队扎营于南坡下，叫人登上营垒瞭望。瞭望的人说："大约有五六百骑兵。"过一会儿，又报："骑兵越来越多，步兵数不清。"曹公说："不要再报。"于是下令骑兵解鞍放马。当时，从白马来的辎重已经上路，诸将认为敌人的骑兵多，不如回保军营。荀攸说："这是用来引诱敌人的，怎么能撤回？"袁绍的骑兵将领文丑与刘备率领五六千骑兵先后来到。众将又报告说："可以上马了。"曹公说："还不忙。"过一会儿，敌人骑兵来的更多了，有的还分开去抢军用物资。曹公说："可以了。"于是都上了马。这时骑兵不满六百，于是纵兵出击，大破敌军，杀死文丑。颜良、文丑都是袁绍的名将。再次作战，又活捉了另一些大将，袁绍军大为震惊。于是曹公回军官渡，袁绍进兵守阳武。关羽逃归刘备。

八月，袁绍连接军营逐渐向前推进，依靠沙堆扎营，东西数十里。曹公也分兵扎营与他相对，可交战不利。当时曹公兵不足一万，受伤的有十分之二三。袁绍又进兵抵官渡，起土山，挖地道。曹公也在自己防线内作土山地道与他相应。袁绍军向曹营射箭，箭如雨下，走路的人都得用盾牌掩蔽，士兵都很害怕。当时军粮也不多，所以曹公给荀彧写信，打算回许。荀彧回信认为："袁绍全部人马聚集官渡，想同您决一胜败。您以最弱的兵力对付最强的敌人，如不能压倒他，就一定会被他乘机打败。这是天下成败的重要关头。袁绍此人，只能算是平民中的一个强者，能聚集人材而不能正确加以使用。凭着您非凡的勇武和智慧，再加上您代天子讨伐奸贼，名正言顺，哪有不成功的呢！"曹公听从了他的意见。

孙策听说曹公与袁绍在官渡相持，便策划偷袭许都，但还没有出发，就被刺客所杀。

汝南投降的黄巾贼刘辟等反叛响应袁绍，攻掠许都附近。袁绍使刘备前往援助刘辟，曹公派曹仁击败刘备，刘备逃走，于是攻破了刘辟的营寨。

袁绍的运粮车来了好几千辆，曹公用荀攸的计策，派遣徐晃、史涣截击，大破敌军，把运粮车全部烧毁。曹公与袁绍相持好几个月，虽然屡次战斗斩杀敌将，但兵少粮尽，士卒疲乏。曹公对运粮的人说："再过十五天我为你们打败袁绍，就不再有劳你们了。"十月，袁绍派车运粮，让淳于琼等五人带兵万余人护送，住宿在袁绍的大营北四十里。袁绍的谋臣许攸贪财，袁绍不能满足，许攸此时来投奔曹公，并劝说曹公袭击淳于琼等。左右的人都认为可疑，只有荀攸、贾诩劝曹公前往。于是曹公留曹洪守营，自己率领步兵、骑兵共五千人乘夜前往，正好天明到达。淳于琼等望见曹公兵少，出营门外摆开阵势。曹公急速进击，淳于琼退保军营，于是挥军攻营。袁绍遣骑兵援救淳于琼。左右的人有的说："敌人的骑兵逐渐靠近，请分兵抵御。"曹公发怒说："敌人来到背后，再禀告我！"士兵们都拼死战斗,大破淳于琼等,把五人全部杀死。袁绍起初听说曹公去打淳于琼,对长子袁谭说:“就让他进攻淳于琼吧,我攻破他的大营,他就无处可归了!”于是派张郃、高览进攻曹洪。张郃等人听说淳于琼被打败,就来投降了。袁绍的部队大溃,袁绍和袁谭弃军逃走,渡过黄河。曹公军追赶不及,缴获了全部军用物资、图书珍宝,俘虏了袁军大量兵众。曹公从收缴的袁绍书信中,得到许都和军中人写给袁绍的信,全都烧了。冀州很多郡都举城前来投降。

起初,汉桓帝时有黄星出现在楚、宋区域,辽东人殷馗善于根据天文占卜吉凶,他说五十年后将有真命天子起于梁、沛之间,其锋锐不可当。从那时到建安五年共五十年,恰好曹公击溃袁绍,天下无敌了。

六年四月,曹公在黄河边上炫耀兵力,并进攻袁绍仓亭的军队,将它击溃。袁绍回河北后,重新收集溃兵,平定了反叛的各个郡县。九月,曹公回到许。

当袁绍还没有被打败的时候,派刘备攻掠汝南,汝南贼共都等起来响应。曹公派遣蔡扬打共都,不利,被共都打败。于是曹公南征刘备。刘备听说曹公亲自出征,逃往荆州投奔刘表,共都等全部溃散。

七年正月,曹公驻军于谯县,下令说:“我发起义兵,替天下扫除暴乱。故乡的人民,差不多都死亡了,在县境内走一整天,见不到一个认识的人,使我深感悲伤。现在我命令:从发起义兵以来,凡将士绝了后的,要找到他们的亲戚作为他们的后嗣,授给田地,由官府给与耕牛,并设置学校教师教育他们。替活着的人修建庙宇,使他们祭祀自己的先人。如果人死之后真有灵魂的话,我死之后还有什么遗恨呢!”于是曹公到浚仪县,修筑睢阳渠,派遣使者用牛羊猪三牲祭祀桥玄。然后进军官渡。

袁绍自从兵败以后，发病吐血，这年五月死去，小儿子袁尚继承他的职位。长子袁谭自称车骑将军，屯兵于黎阳。九月，曹公出征袁谭、袁尚，连续作战。袁谭、袁尚多次败退，入城坚守。

八年三月，攻黎阳外城，袁军出战，曹军大破袁军，袁谭、袁尚夜里逃跑。四月，进军到邺县。五月，曹公回许，留贾信屯守黎阳。

己酉这一天，下令说："《司马法》说'将军退却者死'，因此赵括的母亲请求在赵括打败仗之后不受连累。这说明古代带兵的人，在前方打了败仗，家属在后方也要办罪的。自从我命将出征以来，只赏功而不罚罪，这不合于国家的制度。现命令：诸将出征，败军者按罪责轻重给以应得的惩处，失利者免除官职和爵位。"

七月，下令说："自战乱已来，十五年了，年轻一代看不到仁义礼让的风气，我感到很痛心。现命令郡国各自兴办学校，人口满五百户的县设置学官，选择本地的优秀子弟施以教育。这样，或许可以使先王之道不致废绝，从而有益于天下。"

八月，曹公征刘表，驻军西平县。当曹公离开邺县南征之后，袁谭、袁尚争夺冀州，袁谭被袁尚打败，跑回平原郡据守。袁尚加紧进攻，袁谭派遣辛毗前来请降并请求援救。诸将都怀疑袁谭，而荀攸劝曹公答应他，于是曹公又率军回来。十月，到达黎阳，为儿子曹整娶了袁谭的女儿。袁尚听说曹公北进，于是放弃对平原的进攻而回到邺。东平人吕旷、吕翔反叛袁尚，屯军阳平，率领部下来投降，被封为列侯。

九年正月，渡过黄河，拦截淇水进入白沟以通粮道。二月，袁尚又进攻袁谭，留苏由、审配守邺城。曹公进军到洹水，苏由投降。待大军到达，就攻打邺城，垒土山，挖地道。袁尚所任命的武安县长尹楷驻扎在毛城，守护上党至邺的粮道。四月，曹公留曹洪攻邺，亲自带兵打尹楷，击溃尹楷之后方才回师。袁尚的部将沮鹄守邯郸，曹公又进攻沮鹄，攻克邯郸。袁尚所任易阳县令韩范、涉县长梁岐各以本县投降，赐爵关内侯。五月，平毁土山地道，挖掘围城壕沟，决开漳水灌邺城，城里人饿死过半。七月，袁尚回兵救邺。众将都认为这是归来的军队，人自为战，不如避开它。曹公说："袁尚要是从大路来，应当退避；如果他沿着西山来，那就只能是自投罗网。"袁尚果然沿西山来，靠近滏水扎营，夜里派兵进犯曹公围城的部队。曹公迎击，把他打得大败而逃，进而包围他的军营。还没有合围，袁尚害怕，派前豫州刺史阴夔和陈琳来请降，曹公不许，包围越发加紧。袁尚乘夜晚逃走，据守祁山，曹军追击。袁尚部将马延、张颤等临阵投降，袁军大溃，袁尚逃往中山。缴获了他的全部军用物资，并得到袁尚的官印、绶带、符节、黄钺，又使袁尚部下来降的人拿回去给其家属看，于是城中人心瓦解。八月，审配兄子审荣晚上打开他所把守的城东门，把曹公的兵放进城。审配迎战失败，被生擒斩首，邺城平定。曹公亲临袁绍墓前进行祭奠，哀哭流泪；又慰劳袁绍妻室，把宝物还给她的家人，并赐给各种缯帛丝絮，由官府供给口粮。

起初，袁绍与曹公一齐起兵，袁绍问曹公："如果事情不成，那么哪一方可以割据？"曹公说："足下心中以为如何？"袁绍说："我南据黄河，北凭燕、代的险阻，兼有戎狄的士众,南向以争夺天下,或许可以成功吧!”曹公说:“我使用天下人的才智与力量,以正确的原则加以驾御,无论在哪里都可以。”

九月,下令说:“由于河北遭受袁氏统治的灾难,特令不交今年的租赋。”同时,加重惩治豪强兼并贫民的法律,百姓很高兴。汉献帝任命曹公兼任冀州牧,曹公辞去兖州牧。

当曹公包围邺城的时候,袁谭攻占了甘陵、安平、勃海、河间等郡国。袁尚败回中山,袁谭进攻袁尚,袁尚逃到故安,袁谭兼并了他的队伍。曹公写信给袁谭,指责他背约,决定和他断绝婚姻关系,叫他女儿回去,然后向袁谭进军。袁谭害怕,撤离平原,跑到南皮据守。十二月,曹公进入平原,攻掠并平定各县。

十年正月,进攻袁谭,将他击溃,杀了袁谭,并处死他的妻儿,冀州平定。曹公下令说:“同袁氏一起做过坏事的人,允许改过自新。”又命令人民不得报私仇,禁止铺张的葬礼,违者一律依法惩治。同月,袁熙手下大将焦触、张南等反叛并进攻袁熙、袁尚,袁熙、袁尚投奔三郡乌丸。焦触等以故安县投降,封为列侯。最初讨伐袁谭时,曾征发百姓椎河冰以通船,有很多人逃亡,于是下令不许接受这些人归降。不久,逃亡的百姓有人上门自首,曹公对他说:“我若放了你就违背已经下达的命令,若杀了你又是杀自首的人,都不好办。你回去,深深藏起来吧,不要被官吏捉住。”这个人流着泪走了,但后来终于被逮住。

四月,黑山贼张燕率领部众十余万人投降,封为列侯。故安人赵犊、霍奴等杀死幽州刺史和涿郡太守;三郡乌丸进攻左度辽将军鲜于辅于犷平。八月,曹公前往征讨,斩赵犊等，并渡过潞河救犷平，乌丸人逃出塞外。

九月，下令说："徇私结党，狼狈为奸，这是先圣孔子所痛恨的。听说冀州的风俗，即使是父子也各结一帮，互相诽谤，抬高自己。汉代的直不疑没有哥哥，而世人竟诬蔑他私通嫂嫂；第五伦三次娶孤女为妻，而人们却说他打岳父；王凤专权，谷永把他捧为申伯；王商言论忠直，张匡却攻击他不行正道。这些都是以白为黑、欺天骗君的行为。我将要整顿风俗，这类恶习不除，我感到羞耻。"十月，曹公回到邺。

起初，袁绍使外甥高干兼领并州牧，曹公攻克邺城之后，高干投降，于是用他作并州刺史。高干听说曹公征讨乌丸，就在并州反叛，拘押上党太守，派兵守壶关口。曹公派乐进、李典去讨伐，高干回守壶关县城。

十一年正月，曹公征高干。高干听说后，留下另外的将领守城，自己跑到匈奴人那里，向单于求救，单于不接受。曹公包围壶关三个月，攻了下来。高干逃往荆州，被上洛都尉王琰捉住杀了。

八月，曹公东征海贼管承，来到淳于县，派乐进、李典打垮了管承，管承逃入海岛。于是割东海郡的襄贲、郯、戚三县以扩大琅琊国，并撤销昌虑郡。

三郡乌丸趁天下战乱，攻破幽州，掳掠汉人共十余万户。袁绍将他们的首领都任命作单于，并以本家女儿作为自己的女儿嫁给他们。辽西单于蹋顿最强，受袁绍厚待，所以袁尚兄弟投奔他，多次进入边塞为害。曹公将要征讨乌丸，因此开凿河渠，从呼沲河引水入泒水，名叫平虏渠；又从沟河口凿渠流入潞河，名叫泉州渠，以通大海。

十二年二月，曹公从淳于回到邺。丁酉这天，下令说：

“我发起义兵扫除暴乱，到现在十九年了，所征必克，这哪里是我个人的功劳呢，这是靠了贤士大夫们的力量啊。天下虽然还没有完全平定，我一定与贤士大夫们相约共同平定；而独享功劳，我怎能安心呢！因此要加紧评定功劳，实行封赏。”于是大封功臣二十多人，都作列侯，其余的各自按次序受封；并给死者的孤儿免除徭役，轻重各有等差。

曹公将要北征三郡乌丸，诸将都说：“袁尚不过是个逃亡的贼子罢了，夷狄贪婪无厌，六亲不认，哪能被袁尚所利用？如今深入征讨乌丸，刘备必然劝说刘表来袭击许都。万一出了事，后悔就来不及了。”只有郭嘉料定刘表必不能采用刘备的意见，劝曹公出征。五月，曹公率军到无终。七月，涨大水，沿海道路不通，田畴请求担任向导，曹公同意了。于是带领军队出卢龙塞，塞外道路隔绝不通，就凿山填谷五百多里，经白檀，过平冈，经历鲜卑首领的住地，往东直指柳城。直到离柳城只有二百里，敌人才知道。袁尚、袁熙与乌丸王蹋顿、辽西单于楼班、右北平单于能臣抵之等率领几万骑兵迎战汉军。八月，曹公登白狼山，突然与敌人相遇，敌军人数很多。曹公运军械的车还在后面，披铠甲的军士很少，左右的人都很害怕。曹公登上高处，望见敌军队列不整，于是放兵出击，使张辽为先锋。敌军大溃，杀死蹋顿及著名的首领多人，胡人、汉人投降的达二十多万。辽东单于速仆丸及辽西、右北平乌丸的首领们丢下本族的人，与袁尚、袁熙逃奔辽东，部下还有几千骑兵。起初，辽东太守公孙康仗恃居地遥远，不服从曹公。及至曹公打败乌丸，有人劝公乘机征伐辽东，这样袁尚兄弟就可以捉获了。曹公说：“我将使公孙康斩袁尚、袁熙的首级送来，无需出兵了。”九月，公领兵从柳城回来，公孙康随即斩了袁尚、袁熙以及速仆丸等人，把他们的人头传送了来。部将中有人问曹公："您一回师，公孙康就斩袁尚、袁熙，将首级送来，这是为什么？"曹公说："公孙康素来畏惧袁尚等，我逼急了，他们就会并力来对付我们，放松一点他们就会自相火并。根据形势推测，必然如此。"十一月，到易水，代郡乌丸代理单于普富庐、上郡乌丸代理单于那楼率领属下的著名首领都来祝贺。

十三年正月，曹公回邺，开凿玄武池以训练水军。汉朝废除三公的官，设置丞相、御史大夫。六月，用曹公作丞相。

七月，曹公南征刘表。八月，刘表死，他的儿子刘琮继任荆州牧，驻在襄阳；刘备驻守樊城。九月，曹公到新野，刘琮投降，刘备跑到夏口。曹公进军江陵，传令给荆州的官吏人民，宣布同他们一道除旧布新。于是评定荆州归服的功劳，封列侯的有十五人；任用刘表手下大将文聘作江夏太守，使他统率原有的军队；还举用荆州名士韩嵩、邓义等。益州牧刘璋开始接受征调服役，派兵补充军队。十二月，孙权为帮助刘备而进攻合肥。曹公从江陵出发征讨刘备，到了巴丘，又派张憙救合肥。孙权听说张憙来到，就退走了。曹公到赤壁，与刘备作战，不利。这时发生了严重的瘟疫，官兵死得很多，只好带领军队回来。于是刘备占有荆州的江南各郡。

十四年三月，军队到达谯县，造轻舟，训练水军。七月，从涡水进入淮水，从肥水上岸，驻兵合肥。辛未这一天，下令说："近年以来，军队多次出征，有时还遇上瘟疫，兵士死亡不能回家，妻子失去丈夫，百姓流离失所，有仁爱之心的人难道喜欢这样吗？这是不得已啊！现命令：死者家中没有产业不能维生的，官府不得停发口粮，地方长官要加以抚恤慰问，以称我的心意。”设置扬州各郡县的长官，兴办芍陂地区的屯田。十二月，军队回到谯县。

十五年春，下令说：“自古以来，受天命开国的和中兴的君主，何尝不是得到贤人君子，同他们一道治理天下呢！当这些君主得到贤人的时候，连闾里街巷都没有出去过，这难道是侥幸相遇吗？其实贤人并不难得，只不过居于上位的人不去求取罢了。现今天下尚未平定，正是急需求贤的时候。孔子说：‘孟公绰当赵、魏诸卿的家臣是力有余裕的，但不能用他作滕、薛这类小国的执政大夫。’这说明人的德才各有长短，不可责备求全。如果一定要廉洁之士才可以使用，就连管仲也不能用，那么齐桓公又怎么能称霸天下！现在国内是否有像吕尚那样身披布衣，怀抱高才，在渭水边钓鱼的人呢？又是否有像陈平那样与嫂私通、接受贿赂、还没有遇上魏无知推荐的人呢？你们要帮助我发现和提拔那些地位卑微的贤人，唯才是举，使我得以使用他们。”

冬天，修建铜雀台。

十六年春正月，天子任命曹公的嫡子曹丕为五官中郎将，破格设置官属，作丞相的副手。太原人商曜等在大陵县叛变，派遣夏侯渊、徐晃包围并击破了他们。此时张鲁占据汉中，三月，曹公派钟繇前去讨伐，又让夏侯渊等从河东出兵与钟繇相会。

这时，关中诸将疑心钟繇想袭击自己，马超因此与韩遂、杨秋、李堪、成宜等反叛。曹公派曹仁前往讨伐。马超等屯兵于潼关，曹公命令诸将：“关西兵精悍，加固壁垒，不要同他作战。”七月，曹公西征，与马超等夹潼关而驻军。

曹公紧紧牵制住对方，而暗里派徐晃、朱灵等夜渡蒲坂津，占据黄河以西扎营。曹公从潼关北渡，还没过河，马超军就奔赴船急战。校尉丁斐放牛马以引诱敌人，贼兵乱抢牛马，曹公才得以渡河，然后沿河修筑甬道，向南推进。贼兵后退，占据渭水口进行抗拒。曹公于是多设疑兵，暗中用船载兵进入渭水，修造浮桥，夜里，分兵在渭水南岸扎营。贼兵晚上攻营，曹公伏兵击败了它。马超等屯军渭水以南，派遣使者求割黄河以西请和，曹公不许。九月，进军渡过渭水。马超等多次挑战，又不许；马超执意请求割地，并愿送儿子作人质。曹公采用贾诩的计策，假装允许。韩遂请求同曹公相见。曹公与韩遂的父亲曾是同年的孝廉，又与韩遂是曾同时在汉朝做官的同辈人，于是交马相会，谈了好久，都不涉及军事，只谈京师的老朋友旧事，直谈得拍手欢笑。会见结束之后，马超等问韩遂："曹公说了什么？"韩遂回答："没说什么。"马超等起了疑心。曹公又写信给韩遂，有意将信中文字作了很多涂改，就像是韩遂改定的一样，马超等更加怀疑韩遂。曹公于是约定日期会战，先用轻装步兵挑战，打了很久，才出动勇猛如虎的骑兵夹击，大破敌军，杀死成宜、李堪等。韩遂、马超等逃往凉州，杨秋逃奔安定，关中平定。部将中有人问曹公："起初敌人守潼关，渭北一路空虚，您不从河东进攻冯翊，却反而守潼关，拖延了好些天然后北渡，这是为什么？"曹公说："贼兵守潼关，如果我军进入河东，敌人必定引兵把守各渡口，那就不可能渡过西河，所以我把大军开向潼关。这一来，敌人的全部军队南守潼关，西河的防备空虚，使徐晃、朱灵二将得以专力夺取西河。这之后我再领兵北渡，敌人不能同我争西河，因为那里有二将的军队。我连结车辆，树立木栅，筑成甬道，向南推进，这样一方面使敌人无法取胜，另一方面又表示我方兵力虚弱，以麻痹敌人。渡过渭水修筑坚固的壁垒，敌人来攻，我不出战，以此使其产生骄慢的心理；故而敌人不筑营垒而要求割地。我好言答应了他，这是为了顺从他的心意，使他安下心而不作防备，而我乘机积蓄士卒的力量，一下子发动攻击，造成迅雷不及掩耳之势。用兵的变化，本来就没有一定之规啊。”起初，敌军每一支部队来到，曹公便有喜色。贼破之后，诸将问是什么缘故，曹公回答说：“关中土地辽阔，如果敌人各自凭据险阻，进行征讨，没有一二年是不能平定的。现在都来集中，人马虽多，而互不归服，各军没有统一的主帅，一举可以歼灭，费力少而收效较易，我因此感到高兴。”

十月，曹公军从长安北征杨秋，包围安定。杨秋投降，恢复了他的爵位，让他留在本地镇抚当地的人民。十二月，曹公从安定回来，留夏侯渊驻守长安。

十七年正月，曹公回邺。天子特许曹公朝拜唱礼时不直呼姓名，入朝不小步快走，可以佩剑穿鞋上殿，这都是按照汉高祖对待萧何的成例。

马超的余部梁兴等驻在蓝田，曹公派夏侯渊讨平了他们。割河内郡的荡阴、朝歌、林虑，东郡的卫国、顿丘、东武阳、发干，巨鹿郡的廮陶、曲周、南和、广平、任县，赵国的襄国、邯郸、易阳等县以扩充魏郡。

十月，曹公征孙权。

十八年正月，进军濡须口，攻破孙权在江西的军营，俘虏孙权的都督公孙阳，然后带领军队回来。汉献帝下诏合并十四州，仍为九州。四月，曹公回到邺。

五月丙申，天子使御史大夫郗虑持节册封曹公为魏国公。……七月，开始建立魏国的社稷宗庙。天子聘曹公的三个女儿作贵人，年少的在魏国等待成年。九月，筑金虎台，开凿河渠引漳水入白沟以通黄河。十月，分魏郡为东西两部，分设都尉管理。十一月，魏国开始设置尚书、侍中、六卿等官。

马超在汉阳，又依靠羌人为害。氐王千万反叛响应马超，驻军兴国。曹公派夏侯渊前往征讨。

十九年正月，开始耕籍田。南安人赵衢、汉阳人尹奉等讨伐马超，杀了他的妻儿悬首示众，马超逃奔汉中。韩遂迁出金城，进入氐王千万部落中，率领羌人、胡人骑兵万余与夏侯渊作战。夏侯渊出击，大破敌军，韩遂逃往西平。夏侯渊与诸将进攻兴国，屠毁该城。裁省安东、永阳二郡。

安定太守毋丘兴将要上任，曹公告诫他说："羌人若想同内地来往，应当让他们派人来，千万小心，不要派人前去。好人很难得，派去的人必定会教羌人提出不合理的请求，以便有利于自己。不听从吧便会失羌人的心，听从吧又不利于国事。"毋丘兴到安定后，派校尉范陵到羌人中，范陵果然教唆羌人，使之提出请求让自己当属国都尉。曹公说："我预先知道会这样，这并非因为我是圣人，只不过由于我经历的事情多罢了。"

三月，天子使魏公的地位在诸侯王之上，改授诸侯王佩用的金质玺印、赤色绶带和远游冠。

七月，曹公征孙权。

起初，陇西人宋建自称河首平汉王，在枹罕聚集兵众，改年号，设百官，经历三十多年。曹公派夏侯渊从兴国前往征讨。十月，屠灭枹罕城，斩宋建，凉州平定。曹公从合肥返回。

十一月，汉献帝皇后伏氏由于过去曾给她父亲、原屯骑校尉伏完写信，说皇上因为董承被杀而怨恨曹公，信中言辞很丑恶，此时被发觉，于是曹公将伏后废免并处死，她的兄弟也依法受诛。

十二月，曹公到孟津。天子特许曹公使用“旄头”仪仗，宫殿设钟虡之乐。乙未，下令说：“有德行的人未必能进取，能进取的人未必有德行。陈平岂是品行敦厚的君子，苏秦岂是守信义的人呢？然而陈平安定了汉朝的江山，苏秦挽救了弱小的燕国。由此说来，一个人总有缺点，怎能弃而不用？望有关官员想明这个道理，这样就能使人材不致遗漏滞留，官事不致荒废了。”又说：“刑法关系到百姓的性命，而我们军队中掌管刑狱的人有的是不称职的，把三军死生的大事交给他们，我很担心。应当选通法明理的人，使他们掌管刑法。”于是设置专管刑狱的理曹，配置属吏。

二十年正月，天子立曹公的次女为皇后。省云中、定襄、五原、朔方四郡，每郡改置为一县以管辖当地民户，并将这四县合起来设立新兴郡。

三月，曹公西征张鲁，到陈仓，想从武都郡进入氐人地区。氐人堵塞道路，因此先派张郃、朱灵等打败氐人。四月，曹公从陈仓出大散关，到达河池县。氐王窦茂部众万余人，仗恃险阻而不顺从。五月，曹公进攻并屠戮窦茂部。西平郡、金城郡的将领麹演、蒋石等共同杀了韩遂，送来首级。七月，曹公到阳平。张鲁派他的弟弟张卫与部将杨昂等据守阳平关，依山筑城，横亘十余里，曹公军进攻未能攻下，于是率军撤回。敌人见大军后退，解除守备。曹公于是秘密派遣解㯝、高祚等凭借险要进行夜袭，大破张鲁军，杀了他的部将杨任，进攻张卫，张卫等乘夜逃遁，张鲁溃败，逃奔巴中。曹公军进入南郑，全部缴获了张鲁的府库珍宝。巴郡、汉中郡都来投降。将汉宁郡恢复为汉中郡；分汉中郡的安阳、西城两县立西城郡，设置太守；又分锡、上庸二县为上庸郡，设置都尉。

八月，孙权围合肥，张辽、李典击败吴军。

九月，巴人七姓夷王朴胡、賨邑侯杜濩率领巴夷、賨民来归附，于是分巴郡为二郡，用朴胡作巴东太守，杜濩作巴西太守，都封为列侯。天子命令曹公代表皇帝封立或任命诸侯、太守、国相。

十月，开始设置名号侯至五大夫四等爵，与原有的列侯、关内侯共六等，以奖励军功。

十一月，张鲁自巴中率领余众归降，于是封张鲁和他的五个儿子都为列侯。刘备袭刘璋，夺取益州，从而占据巴中，曹公派张郃前去攻打。

十二月，曹公从南郑返回，留夏侯渊驻守汉中。

二十一年二月，曹公回到邺。三月壬寅这一天，曹公亲耕籍田。五月，天子晋升曹公的爵位为魏王。代郡乌丸代理单于普富卢与属下的侯王来朝见。天子封魏王的女儿为公主，并赐给汤沐邑。七月，匈奴南单于呼厨泉率领属下有名的首领来朝见，魏王用宾客的礼节接待他。于是呼厨泉留在魏国，而使右贤王去卑监管匈奴国政。八月，任命大理钟繇作魏国的相国。

十月，操练军队，并出征孙权。十一月，到达谯县。

二十二年正月，魏王驻军居巢。二月，进军驻大江以西的郝溪。孙权在濡须口筑城防守，魏军逼攻，孙权退走。三月，魏王率军撤回，留夏侯惇、曹仁、张辽等驻守居巢。

四月，天子命令魏王使用天子的旌旗，进出时同天子一样警戒清道。五月，修建泮宫。六月，以军师华歆作魏国的御史大夫。十月，天子命魏王戴十二旒的冕，乘坐金根车，驾六匹马，并配置五色随从车，立五官中郎将曹丕为魏国太子。

刘备派张飞、马超、吴兰等进驻下辨县，魏王派曹洪前去抵御。

二十三年正月，汉朝太医令吉本与少府耿纪、司直韦晃等反叛，进攻许，焚烧丞相长史王必的军营。王必与颍川典农中郎将严匡讨伐并杀死了他们。

曹洪打败吴兰，杀死他的部将任夔等。三月，张飞、马超逃向汉中，阴平氐人强端斩吴兰，将他的首级传送来。

四月，代郡、上谷郡乌丸首领无臣氐等反叛，派鄢陵侯曹彰讨伐并击败了他们。

六月，下令说："古代埋葬死者，必在土质瘠薄的地方。现决定在西门豹祠西边的高坪上规划修建寿陵，利用高地作为基址，不堆土，不植树。《周礼》说：'冢人掌公共墓地，诸侯卿大夫各葬在王的左右两边，诸侯在前，卿大夫在后。'汉朝的制度也叫做陪陵。兹令公卿大臣和诸将领有功者，死后可陪葬寿陵，因此要扩大陵墓区，使能容纳更多的死者。"

七月，操练军队，进而西征刘备。九月，到长安。

十月，宛县守将侯音等人反叛，拘押南阳太守，劫掠官吏人民，拒守宛城。这之前，曹仁讨伐关羽，屯兵樊城，这一月使曹仁包围宛城。

二十四年正月，曹仁屠宛城，斩侯音。

夏侯渊与刘备战于阳平，被刘备杀死。三月，魏王从长安经由斜谷出兵，占据险要之地，以进逼汉中，于是到达阳平。刘备凭险拒守。五月,魏王率军回长安。

七月,立夫人卞氏为王后。派于禁帮助曹仁打关羽。八月,汉水泛滥,于禁的军队被淹,全军覆没,关羽俘虏于禁,进而包围曹仁。派徐晃前去援救。

九月,相国钟繇由于西曹掾魏讽谋反,免职。

十月,魏王军回洛阳。孙权派遣使者上书,愿意讨伐关羽以效力。魏王从洛阳南征关羽,还没到,徐晃进攻并打败了关羽,关羽退走,曹仁得以解围。魏王驻军于摩陂。

二十五年正月,到洛阳。孙权袭击并杀了关羽,将首级传送过来。

庚子这一天,魏王在洛阳逝世,享年六十六岁。遗令说:"天下尚未安定,还不能遵照古礼。安葬完毕,都脱去丧服。带兵驻防的将领,都不准离开部队。各级官吏要坚守本职。以平时所穿的衣服入敛,不要埋藏金玉珍宝。"谥号叫武王。二月丁卯,葬于高陵。

评语:汉末天下大乱,英雄豪杰同时起兵,而袁绍据有四州,虎视眈眈,强盛无敌。太祖运筹策,施权谋,以武力征伐天下,采取申不害、商鞅的法术,兼用韩信、白起的奇策,官吏各有常职,用人各因其材,克制感情,讲求策略,不念旧恶,终于能够总揽朝政,完成大业,就因为他具有最为优异的聪明谋略。因此可说是一位非凡的人物、盖世的豪杰。

荀 彧 传

曹操之所以能完成他的功业，除了当时的客观历史条件和他本人的杰出才能之外，还靠一批见识过人的谋士替他出谋划策。其中著名的有荀彧、荀攸、程昱、郭嘉等，而荀彧所起的作用最大。本篇中记载：他劝曹操首先巩固兖州这块根据地；劝曹操奉迎汉献帝；分析曹、袁的优劣，坚定曹操击败袁绍的信心；劝曹操留在官渡与袁绍相持，并在打败袁绍之后乘胜追击，一举平定河北；谏止曹操匆忙复置九州，以安定众心，等等，都充分体现了荀彧高瞻远瞩的谋略。司马懿称赞他："逮数十百年间，贤才未有及荀令君者也。"（本传裴注引《荀彧别传》）是一点也不过分的。但最后，他因为对曹操的篡位行动不以为然，受到曹操的压抑，忧郁而死（一说服毒自杀），很值得惋惜。

荀彧字文若，颍川颍阴人也①。祖父淑，字季和，朗陵令，当汉顺、桓之间，知名当世。有子八人，号曰“八龙”。彧父绲，济南相。叔父爽，司空。

彧年少时，南阳何颙异之，曰：“王佐才也。”永汉元年②，举孝廉，拜守宫令③。董卓之乱，求出补吏，除亢父令，遂弃官归。谓父老曰：“颍川，四战之地也，天下有变，常为兵冲，宜亟去之，无久留。”乡人多怀土犹豫。会冀州牧同郡韩馥遣骑迎之，莫有随者，彧独将宗族至冀州。而袁绍已夺馥位，待彧以上宾之礼；彧弟谌及同郡辛评、郭图，皆为绍所任。彧度绍终不能成大事。时太祖为奋武将军，在东郡，初平二年，彧去绍从太祖。太祖大悦，曰：“吾之子房也④。”以为司马⑤。时年二十九。

是时，董卓威陵天下，太祖以问彧，彧曰：“卓暴虐已甚，必以乱终，无能为也。”卓遣李傕等出关东，所过虏略，至颍川、陈留而还，乡人留者多见杀略。明年，太祖领兖州牧，后为镇东将军，彧常以司马从。

【注释】

① 颍阴：县名，即今河南许昌市。② 永汉：汉献帝年号。永汉元年亦即中平六年（189）。③ 守宫令：官名，管皇帝用的文具及尚书财用诸物。④ 子房：即汉高祖重要谋士张良，字子房。⑤ 司马：将军属官，综理军府事，并参与军谋。

兴平元年，太祖征陶谦，任彧留事。会张邈、陈宫以兖州反，潜迎吕布。布既至，邈乃使刘翊告彧曰：“吕将军来助曹使君击陶谦[①]，宜亟供其军食。”众疑惑。彧知邈为乱，即勒兵设备，驰召东郡太守夏侯惇，而兖州诸城皆应布矣。时太祖悉军攻谦，留守兵少，而督将大吏多与邈、宫通谋。惇至，其夜诛谋叛者数十人，众乃定。豫州刺史郭贡帅众数万来至城下，或言与吕布同谋，众甚惧。贡求见彧，彧将往。惇等曰：“君，一州镇也，往必危，不可。”彧曰：“贡与邈等，分非素结也，今来速，计必未定，及其未定说之，纵不为用，可使中立；若先疑之，彼将怒而成计。”贡见彧无惧意，谓鄄城未易攻，遂引兵去。又与程昱计，使说范、东阿，卒全三城，以待太祖。太祖自徐州还击布濮阳，布东走。

二年夏，太祖军乘氏，大饥，人相食。陶谦死，太祖欲遂取徐州，还乃定布。彧曰：“昔高祖保关中，光武据河内，皆深根固本以制天下，进足以胜敌，退足以坚守，故虽有困败，而终济大业。将军本以兖州首事，平山东之难，百姓无不归心悦服。且河、济[②]，天下之要地也，今虽残坏，犹易以自保，是亦将军之关中、河内也，不可以不先定。今以破李封、薛兰，若分兵东击陈宫，宫必不敢西顾，以其间勒兵收熟麦，约食畜谷，一举而布可破也。破布，然后南结扬州，共讨袁术，以临淮、泗。若舍布而东，多留兵则不足用，少留兵则民皆保城，不得樵采。布乘虚寇暴，民心益危，唯鄄城、范、卫可全[③]，其余非己之有，是无兖州也。若徐州不定，将军当安所归乎？且陶谦虽死，徐州未易亡也。彼惩往年之败，将惧而结亲，相为表里。今东方皆以收麦，必坚壁清野以待将军，将军攻之不拔，略之无获，不出十日，则十万之众未战而自困耳。前讨徐州，威罚实行，其子弟念父兄之耻，必人自为守，无降心，就能破之，尚不可有也。夫事固有弃此取彼者。以大易小可也，以安易危可也，权一时之势，不患本之不固可也。今三者莫利，愿将军熟虑之。”太祖乃止。大收麦，复与布战，分兵平诸县。布败走，兖州遂平。

【注释】

①使君：汉代对刺史的尊称。②河：黄河。济：济水（今已不存）。黄河、济水流过兖州北部。③卫：指濮阳，濮阳古属卫地。

建安元年，太祖击破黄巾。汉献帝自河东还洛阳，太祖议奉迎都许。或以山东未平，韩暹、杨奉新将天子到洛阳，北连张杨，未可卒制。彧劝太祖曰：“昔［晋文纳周襄王，而诸侯景从］①；高祖东伐，为义帝缟素，而天下归心②。自天子播越，将军首唱义兵，徒以山东扰乱，未能远赴关右，然犹分遣将帅，蒙险通使。虽御难于外，乃心无不在王室，是将军匡天下之素志也。今车驾旋轸，［东京榛芜］，义士有存本之思，百姓感旧而增哀。诚因此时，奉主上以从民望，大顺也；秉至公以服雄杰，大略也；扶弘义以致英俊，大德也。天下虽有逆节，必不能为累明矣，韩暹、杨奉其敢为害！若不时定，四方生心，后虽虑之，无及。”太祖遂至洛阳，奉迎天子都许。天子拜太祖大将军，进彧为汉侍中，守尚书令③。常居中持重，太祖虽征伐在外，军国事皆与彧筹焉。太祖问彧：“谁能代卿为我谋者？”彧言荀攸、钟繇。先是彧言策谋士，进戏志才，志才卒，又进郭嘉，太祖以彧为知人。诸所进达皆称职，唯严象为扬州，韦康为凉州，后败亡④。

【注释】

①景：同“影”。春秋时，周襄王与弟王子带有矛盾，襄王出奔。晋文公迎还襄王，杀王子带。②缟素：白色丧服。秦末项梁（项羽叔父）起兵反秦，立楚怀王之孙为楚王，仍称怀王；项羽自封西楚霸王之后，改称义帝。后来被项羽杀死，刘邦命将士为义帝缟素服丧而东讨项羽。③尚书令：尚书省首脑，总揽朝政。④严象被孙策部下杀害，韦康被马超杀害。

自太祖之迎天子也，袁绍内怀不服。绍既并河朔，天下畏其强。太祖方东忧吕布，南拒张绣，而绣败太祖军于宛。绍益骄，与太祖书，其辞悖慢。太祖大怒，出入动静变于常，众皆谓以失利于张绣故也。钟繇以问彧，彧曰：“公之聪明，必不追咎往事，殆有他虑。”则见太祖问之，太祖乃以绍书示彧，曰：“今将讨不义，而力不敌，何如？”彧曰：“古之成败者，诚有其才，虽弱必强；苟非其人，虽强易弱。刘、项之存亡，足以观矣。今与公争天下者，唯袁绍尔。绍貌外宽而内忌，任人而疑其心；公明达不拘，唯才所宜：此度胜也。绍迟重少决，失在后机；公能断大事，应变无方：此谋胜也。绍御军宽缓，法令不立，士卒虽众，其实难用；公法令既明，赏罚必行，士卒虽寡，皆争致死：此武胜也。绍凭世资，从容饰智，以收名誉，故士之寡能好问者多归之；公以至仁待人，推诚心不为虚美，行己谨俭，而与有功者无所恡惜[①]，故天下忠正效实之士咸愿为用：此德胜也。夫以四胜辅天子，扶义征伐，谁敢不从？绍之强其何能为！"太祖悦。彧曰："不先取吕布，河北亦未易图也。"太祖曰："然。吾所惑者，又恐绍侵扰关中，乱羌、胡，南诱蜀、汉，是我独以兖、豫抗天下六分之五也。为将奈何？"彧曰："关中将帅以十数，莫能相一，唯韩遂、马超最强。彼见山东方争，必各拥众自保。今若抚以恩德，遣使连和相持，虽不能久安，比公安定山东，足以不动。钟繇可属以西事，则公无忧矣。"

三年，太祖既破张绣，东禽吕布，定徐州，遂与袁绍相拒。孔融谓彧曰："绍地广兵强，田丰、许攸，智计之士也，为之谋；审配、逢纪，尽忠之臣也，任其事；颜良、文丑，勇冠三军，统其兵，殆难克乎！"彧曰："绍兵虽多，而法不整。田丰刚而犯上，许攸贪而不治。审配专而无谋，逢纪果而自用，此二人留知后事，若攸家犯其法，必不能纵也；不纵，攸必为变。颜良、文丑，一夫之勇耳，可一战而禽也。"五年，与绍连战。太祖保官渡，绍围之。太祖军粮方尽，书与彧，议欲还许以引绍。彧曰："今军食虽少，未若楚、汉在荥阳、成皋间也[②]。是时刘、项莫肯先退，先退者势屈也。公以十分居一之众，画地而守之，扼其喉而不得进，已半年矣，情见势竭，必将有变。此用奇之时，不可失也。”太祖乃住。遂以奇兵袭绍别屯，斩其将淳于琼等，绍退走。审配以许攸家不法，收其妻子，攸怒叛绍；颜良、文丑临阵授首；田丰以谏见诛：皆如彧所策。

【注释】

① 悋：同“吝”。② 楚汉战争时，刘邦、项羽在荥阳、成皋间相持一年多。后来双方约定以鸿沟为界，中分天下。项羽撤军东归，而刘邦却进军追击，终于打败项羽。

六年，太祖就谷东平之安民[①]，粮少，不足与河北相支，欲因绍新破，以其间击讨刘表。彧曰：“今绍败，其众离心，宜乘其困，遂定之；而背兖、豫，远师江、汉，若绍收其余烬，承虚以出人后，则公事去矣。”太祖复次于河上。绍病死，太祖渡河击绍子谭、尚，而高干、郭援侵略河东，关右震动，钟繇帅马腾等击破之。语在《繇传》。八年，太祖录彧前后功，表封彧为万岁亭侯[②]。

九年，太祖拔邺，领冀州牧。或说太祖：“宜复古置九州[③]，则冀州所制者广大，天下服矣。”太祖将从之。彧言曰：“若是，则冀州当得河东、冯翊、扶风、西河、幽、并之地[④]，所夺者众。前日公破袁尚，禽审配，海内震骇，必人人自恐不得保其土地，守其兵众也；

今使分属冀州，将皆动心。且人多说关右诸将以闭关之计⑤；今闻此，以为必以次见夺。一旦生变，虽有（善守）[守善]者，转相胁为非，则袁尚得宽其死，而袁谭怀贰，刘表遂保江、汉之间，天下未易图也。愿公急引兵先定河北，然后修复旧京，南临荆州，责贡之不入，则天下咸知公意，人人自安。天下大定，乃议古制，此社稷长久之利也。”太祖遂寝九州议⑥。

【注释】

① 安民：亭名，在今山东郓城县东。② 万岁亭：在今河南新郑境内。③ 战国时人说夏禹分天下为九州（九州的名称说法不一），实际上只是一种理想。④ 扶风：即右扶风，为“三辅”之一，治槐里，在今陕西兴平南。其余已见《武帝纪》注。以上地区大致包括今河北、山西及陕西渭水流域一带。⑤ 关右：函谷关以西之地。⑥ 至建安十八年曹操终于并十四州为九州，见《武帝纪》。

是时，荀攸常为谋主，彧兄衍以监军校尉守邺，都督河北事。太祖之征袁尚也，高干密遣兵谋袭邺，衍逆觉，尽诛之，以功封列侯。太祖以女妻彧长子恽，后称安阳公主。彧及攸并贵重，皆谦冲节俭，禄赐散之宗族知旧，家无余财。十二年，复增彧邑千户，合二千户。

太祖将伐刘表，问彧策安出，彧曰：“今华夏已平，南土知困矣。可显出宛、叶而间行轻进，以掩其不意。”太祖遂行。会表病死，太祖直趋宛、叶如彧计，表子琮以州逆降。

十七年，董昭等谓太祖宜进爵国公，九锡备物①，以彰殊勋，密以咨彧。彧以为太祖本兴义兵以匡朝宁国，秉忠贞之诚，守退让之实。君子爱人以德，不宜如此。太祖由是心不能平。会征孙权，表请彧劳军于谯，因辄留彧，以侍中、光禄大夫、持节②，参丞相军事③。太祖军至濡须，彧疾留寿春，以忧薨④，时年五十。谥曰敬侯。明年，太祖遂为魏公矣。

【注释】

① 九锡：古帝王对功臣或权臣的最高赏赐。"九锡"即锡（赐）予车马衣服等九种物品。权臣篡位前一般都要加九锡。备物：服用之物。"备"通"服"。② 光禄大夫：官名，掌应对顾问。持节：为加衔，有使持节、持节、假节，权力有别。③ 参军事：官名，意即参谋军务，简称参军。④ 薨：（hōng）：古代诸侯死叫薨。荀彧封列侯，故称薨。据裴注引《魏氏春秋》，说是"饮药而卒"。

【翻译】

荀彧字文若，颍川郡颍阴县人。祖父淑，字季和，曾任朗陵县令，当汉顺帝、桓帝之间，知名于当代。荀淑有八个儿子，号称"八龙"。荀彧父绲，曾任济南国相。叔父爽，曾任司空。

荀彧年少时，南阳人何颙非常看重他，说："是个辅佐帝王的人才！"永汉元年，被荐举为孝廉，任守宫令。董卓之乱时，请求出任地方官，被任命为亢父县令，因而弃官回家。他对父老们说："颍川是个四面受敌的争战之地，天下一有变故，就会经常成为军事要冲，应当赶紧离开此地，不要长久停留。"乡人之中很多都留恋本土，犹豫不决。适逢冀州牧同郡韩馥派遣骑兵前来迎接，没人跟他走，唯独荀彧带领宗族迁到冀州。而这时袁绍已夺了韩馥的官位，用上宾之礼接待荀彧；彧弟谌与同郡辛评、郭图，都被袁绍所任用。荀彧估计袁绍最终不能成大事。当时魏太祖任奋武将军，在东郡。初平二年，荀彧离开袁绍而追随太祖，太祖非常高兴，说："这是我的张良！"用他做司马。当时二十九岁。

这时，董卓以武力权势凌驾全国，太祖为此事问荀彧，荀彧说："董卓暴虐太过分了，必定会以乱亡告终，成不了什么大事。"董卓派李傕等出关东，所过之处大肆掳掠，直到颍川、陈留才回去，荀彧本乡留下来的人很多都被杀死或掳掠。第二年，太祖代理兖州牧，后来做镇东将军，荀彧常常作为司马跟随。

兴平元年，太祖征陶谦，任用荀彧主管留守的事。适逢张邈、陈宫在兖州反叛，暗里迎接吕布。吕布来到后，张邈就叫刘诩告诉荀彧说："吕将军来帮助曹使君打陶谦，应当赶快供应他的军粮。"众人颇有疑惑。荀彧知道张邈已经叛乱，当即约束军队，布置防备，飞马召唤东郡太守夏侯惇，但兖州各城都响应吕布了。其时太祖全军进攻陶谦，留守的兵很少，而带兵的将领和主要官吏大多与张邈、陈宫通谋。夏侯惇来到后，当夜杀了谋反者几十人，部下才安定下来。豫州刺史郭贡带兵数万来到城下，有人说他与吕布同谋，大家都很恐惧。郭贡求见荀彧，荀彧准备前往。夏侯惇等人说："您是一州的镇守者，前去必定危险，不能去!”荀彧说:“郭贡与张邈等人并非平素就有勾结。现在他来得很迅速,必定还没有打定主意;趁他主意未定去说服他,即使不能为我所用,也可以使他中立;如果先就猜疑他,他将会愤怒而决心与张邈等联合。”郭贡看到荀彧毫无惧意,认为鄄城不容易攻下,因此领兵而去。荀彧又与程昱计议,让他去说服范、东阿二县,终于保全了三座城,以等待太祖。太祖由徐州回击吕布于濮阳,吕布向东逃走。

兴平二年夏天,太祖驻军在乘氏县。当时发生严重饥荒,出现人吃人的事情。这时陶谦已死,太祖想乘机取徐州,回来再平定吕布。荀彧说:“从前汉高祖保住关中,光武帝占据河内,都是先巩固根据地以控制天下,进足以胜敌,退足以坚守,因此虽有挫折失败,而终于完成大业。将军原本凭借兖州而起事,平定山东的祸乱,百姓无不归心悦服。况且兖州北跨黄河、济水,是天下的要地,现在虽然残破,还是容易自保,这也就是您的关中、河内,不可以不先稳定。现今已击溃李封、薛兰,如果分兵东击陈宫,陈宫必定不敢西顾。乘这个空隙组织军队收割成熟的麦子,节约粮食,储备谷物,就可以一举打垮吕布。打垮了吕布,然后南边联合扬州的刘繇,共同讨伐袁术,以控制淮水、泗水一带。如果放下吕布不打而东攻徐州,多留兵又不够用,少留兵那么百姓也都来守城,不能打柴拾草。吕布乘虚侵犯杀掠,民心更加感到危惧,只有鄄城、范、濮阳三处可以保全,其余都非我有,这实际上是丢了兖州。假若徐州一时拿不下,您那时回到哪里?况且陶谦虽然死了,徐州也并不容易攻克。那里的各方鉴于往年的失败,将会由于害怕灭亡而亲密团结,里外相互配合。现在东方都已收麦,必定坚壁清野以防备将军,将军进攻攻不下,抢粮无收获,不出十天，十万人马就会不战而自困了。前次讨伐徐州，实行过暴力惩罚，徐州的子弟想到父兄被杀的耻辱，必然会人自为守，无投降之心，即使能攻破徐州，还是不可能长期占有。天下事有时需要弃此取彼。以大易小，是可以的；以安易危，是可以的；权衡一时的形势，不怕根据地不稳固，也是可以的。而现今这三方面无一有利，希望将军深思熟虑。”太祖这才放弃了攻徐州的打算，大力收割麦子，再次与吕布作战，分兵平定各县。结果吕布败走，兖州因而平定。

建安元年，太祖击破汝南、颍川黄巾。汉献帝从河东回洛阳，太祖商议迎接献帝迁都于许。有人认为山东还没有平定，韩暹、杨奉新近将天子送到洛阳，北边联合张杨，我们对他们还不能迅速加以控制。荀彧劝太祖说：“从前晋文公迎接周襄王回王城，诸侯服从；汉高祖东征项羽，为义帝穿素衣服丧，天下归心。自从天子流亡，您首先倡导义兵勤王。只是由于山东战乱，还不能远赴关中，但还是分派将帅，冒着危险与朝廷联系。虽则您抗御暴乱在外，但你的心无时不想到王室，这是您匡正天下的一贯志向。现在天子大驾已经回京，而洛阳荆棘丛生，一片荒芜，义士有保存朝廷的心，百姓感念旧主而更增加哀伤。如能趁此时机，拥戴主上以顺从人民的希望，这是大顺；怀抱大公无私的心使天下豪杰归服，这是大略；扶持大义以招徕优秀人物，这是大德。这一来，天下虽有背叛朝廷的人，必不能成为祸患，是很明白的了，韩暹、杨奉岂敢为害！如不及时安定朝廷，四方产生叛离的心，事后即使想要这样，也来不及了。”太祖于是到洛阳，迎接天子迁都于许。天子任命太祖为大将军，提升荀彧为汉朝侍中，代理尚书令，经常居于朝中执行重任，太祖虽然征伐在外，军国大事都与荀彧筹画。太祖问荀彧："谁能代替您为我谋画？"荀彧说："荀攸、钟繇。"起先，荀彧谈到出谋划策的人士，推荐戏志才，志才死后，又推荐郭嘉，太祖认为荀彧很能知人。他所引荐的许多人都称职，唯有严象做扬州刺史，韦康做凉州刺史，后来失败而死。

自从太祖迎接天子都许之后，袁绍内心不服。袁绍既兼并北方，天下人都畏惧他的强盛。太祖正东忧吕布，南拒张绣，而张绣在宛县打败太祖军。这一来，袁绍更加骄傲，给太祖写信，言辞无理而傲慢。太祖大怒，出入的举动不同于平常，众人都说是因为失利于张绣的缘故。钟繇为这事问荀彧，荀彧说："曹公是个聪明人，必不追究往事，恐怕有其他忧虑。"于是去见太祖，询问原由，太祖便将袁绍的信给荀彧看，说："我现在想要讨伐不义，而力量敌不过他，怎么办？"荀彧说："古来争胜败的人，真有才能的，纵使起初弱小，也必将强盛；如果是无能的人，纵使起初强大，也容易弱小。从汉高祖与项羽的存亡，就足以看出这一点。现今同您争天下的人，只有袁绍罢了。袁绍这人貌似宽容而内心忌刻，任人而又疑其心；而您明白豁达，不拘小节，用人唯才，这说明您在度量方面胜过袁绍。袁绍处事迟缓，优柔寡断，往往错过时机，造成失败；而您能决断大事，随机应变，不守成规，这说明您在谋略方面胜过袁绍。袁绍治军不严，法令不行，士卒虽多，其实难用；而您法令严明，信赏必罚，士卒虽少，都争先效死，这说明您在用兵方面胜过袁绍。袁绍凭借世代门第，装模作样地玩弄小聪明，以博取名誉，因此士人中缺乏才能而喜好虚名的人很多都归附于他；而您以仁爱之心待人，推诚相见，不求虚誉，对待自己谨慎节俭，而赏赐有功的人无所吝惜，因此天下忠诚正直、有真才实能的人士都愿意为您所用，这说明您在品德方面胜过袁绍。用以上四个方面的优势辅佐天子，扶持正义，讨伐不臣，谁敢不从？袁绍虽强，又有何用！”太祖很高兴。荀彧又说：“不先打败吕布，河北也还是不容易谋取。”太祖说：“对！我所感到疑惑的是，又恐怕袁绍侵扰关中，联合羌人、胡人为乱，再向南勾引占据巴蜀、汉中的刘璋。这一来，我独自以兖、豫二州对抗全国的六分之五。你说该怎么办？”荀彧说：“关中将帅数以十计，没人能统一起来，只有韩遂、马超最强。他们见山东正在争战，必定各自拥兵自保。现在如果用恩德安抚他们，派遣使者连和，维持友好，即使不能长久安定，但在您平定山东之前，足以使他们中立不动。关西的事情可以交给钟繇，这样您就可以高枕无忧了。”

建安三年，太祖打败张绣，东擒吕布，平定徐州之后，进而与袁绍相对抗。孔融对荀彧说：“袁绍地广兵强，又有田丰、许攸这样的智谋之士替他策划，有审配、逢纪这样的尽忠之臣替他干事，还有勇冠三军的颜良、文丑替他统率军队，恐怕很难战胜啊！”荀彧说：“袁绍兵虽多，而法令不整肃。田丰刚愎而好犯上，许攸贪婪而不检束。审配专权而无谋，逢纪果决而专断，审、逢二人留下来主持后方的事，如果许攸家犯了法，必定不能宽容；不能宽容，许攸必然叛变。至于颜良、文丑，不过匹夫之勇罢了，可以一战而擒。”五年，与袁绍连续作战。太祖守官渡，袁绍进行包围。太祖军粮快要吃完，写信同荀彧商量，想要回许以引开袁绍军。荀彧回信说：“目前军粮虽少，还比不上楚、汉在荥阳、成皋之间那样困难。当时刘、项双方都不肯先退，因为谁先退谁就会处于被动地位。您以仅及敌军十分之一的兵力,划地而守,扼住敌人的咽喉使其不能前进,已经半年了。敌人的实情已经暴露,力量已经衰竭,局面必将发生变化,这正是使用奇谋的时机,不可错过啊。"于是太祖留了下来,以奇兵袭击袁绍的其他军营,杀死他的大将淳于琼等,袁绍退走。审配因为许攸家不守法,收捕他的妻儿,许攸一怒之下背叛袁绍;颜良、文丑临阵被斩首;田丰由于劝谏袁绍而被杀:都正如荀彧所预料。

建安六年,太祖率军到东平国的安民亭就地解决粮食。由于军粮少,不足以与河北相持,想乘袁绍刚失败,利用这个空隙讨伐刘表。荀彧说:"现在袁绍失败,部众离心,应该利用他的困境,一举平定河北。如果背向兖、豫,远征江、汉,假若袁绍收罗残部,乘虚进攻我们的背后,那么您的大事就完了。"太祖因而再次驻军于黄河边上。此时袁绍病死,太祖渡河攻打袁绍的儿子袁谭、袁尚。而袁绍的外甥高干和袁尚所派的河东太守郭援侵扰河东,关西震动,钟繇率马腾等打败了他们。事见本书《钟繇传》。建安八年,太祖累计荀彧前后的功劳,上表封荀彧为万岁亭侯。

建安九年,太祖攻下邺城,兼领冀州牧。有人劝太祖:"应当恢复古代区划,设置九州,那么冀州所控制的地面广大,天下就会服从您了。"太祖将要采纳这个意见。荀彧说:"要是这样,冀州应当得到河东、冯翊、扶风、西河、幽州、并州之地,所夺占的地方很多。前日您打败袁尚,捉住审配,已是全国惊骇,必定人人害怕不能再保有自己的土地,拥有自己的军队;现在使他们分属冀州,人心将会更加骚动。况且很多人都在劝说关西诸将闭关自守,现在听到这个消息，以为必然要一个接一个地被剥夺。一旦关西发生变乱，即使有守善的人，辗转胁迫之下也会胡作非为。那么袁尚得以推迟灭亡，袁谭怀有二心，刘表因此保守江、汉之间，您想要平定天下就不那么容易了。希望您赶快领兵先平定河北，然后修复旧京洛阳，南征荆州，指责刘表不向天子朝贡，那么天下都了解您的心意，人人安心。天下大体安定之后，再考虑恢复古制，这才是国家长久的利益。"于是太祖停止了关于设置九州的讨论。

当时，荀彧的侄子荀攸常常是太祖的主要谋士，荀彧的哥哥荀衍任监军校尉，驻守邺城，统领河北军事。太祖征袁尚的时候，高干秘密派兵图谋偷袭邺城，荀衍事先觉察，全部诛杀了这些人，因功被封为列侯。太祖以女儿嫁给荀彧的长子荀恽为妻，后来称为安阳公主。荀彧、荀攸官高权重，但都谦虚节俭，将得到的俸禄和赏赐分给宗族故旧，家无余财。建安十二年，又增加荀彧的封邑一千户，合计二千户。

太祖将要讨伐刘表，问荀彧采取什么策略。荀彧说："现在北方已经平定，南方的敌人知道处境困难了。可以明里由宛、叶出兵，暗里由小路轻装前进，出其不意进行袭击。"太祖于是进军。恰好此时刘表病死，太祖按照荀彧的计策直趋宛、叶，刘表的儿子刘琮以荆州迎降。

建安十七年，董昭等认为太祖应该晋升爵位为国公，行九锡之礼，以表彰他的特殊功勋，将此事秘密征询荀彧的意见。荀彧认为太祖发起义兵本来是为了匡正朝廷、安定国家，怀抱忠贞的诚心，保持退让的行动；君子根据高尚的道德而爱人，不应该这样做。太祖从此对荀彧心怀不满。正好遇上征伐孙权，太祖上表请派荀彧到谯县劳军，乘机擅自留下荀彧，任命他作侍中、光禄大夫、持节，参丞相军事。太祖进军到濡须，荀彧因病留在寿春，由于心中忧郁而死，当年五十岁。谥为敬侯。第二年，太祖就升为魏公了。

毛 玠 传

毛玠刚正不阿，清廉俭朴，举用清正之士，抑制浮华，抵拒请托，这些作风都很可贵。曹操能任用毛玠这样的人长期掌管选举，并加以支持，说明了他的法治精神和善于用人。但最后竟凭别人一句似是而非的谗言对毛玠"无限上纲"，定罪收监，加以黜免，这又反映了曹操的专横忌刻和封建专制制度的暴虐本质，因而所谓"法治"也是极其有限的。

毛玠字孝先，陈留平丘人也①。少为县吏，以清公称。将避乱荆州，未至，闻刘表政令不明，遂往鲁阳②。太祖临兖州，辟为治中从事③。玠语太祖曰："今天下分崩，国主迁移，生民废业，饥馑流亡，公家无经岁之储，百姓无安固之志，难以持久。今袁绍、刘表虽士民众强，皆无经远之虑，未有树基建本者也。夫兵义者胜，守位以财，宜奉天子以令不臣，修耕植，畜军资，如此则霸王之业可成也。”太祖敬纳其言，转幕府功曹④。

太祖为司空、丞相，玠尝为东曹掾⑤，与崔琰并典选举⑥。其所举用，皆清正之士，虽于时有盛名而行不由本者，终莫得进。务以俭率人，由是天下之士莫不以廉节自励，虽贵宠之臣，舆服不敢过度。太祖叹曰：“用人如此，使天下人自治，吾复何为哉！”文帝为五官将⑦，亲自诣玠，属所亲眷。玠答曰：“老臣以能守职，幸得免戾，今所说人非迁次，是以不敢奉命。”大军还邺，议所并省。玠请谒不行，时人惮之，咸欲省东曹。乃共白曰：“旧西曹为上，东曹为次，宜省东曹。”太祖知其情，令曰：“日出于东，月盛于东，凡人言方，亦复先东，何以省东曹？”遂省西曹。初，太祖平柳城，班所获器物，特以素屏风、素凭几赐玠⑧，曰：“君有古人之风，故赐君古人之服。”玠居显位，常布衣蔬食，抚育孤兄子甚笃，赏赐以振施贫族，家无所余。迁右军师⑨。魏国初建，为尚书仆射⑩，复典选举。时太子未定，而临菑侯植有宠，玠密谏曰：“近者袁绍以嫡庶不分，覆宗灭国。废立大事，非所宜闻。”后群僚会，玠起更衣，太祖目指曰：“此古所谓国之司直⑪，我之周昌也⑫。”

【注释】

① 平丘：县名，在今河南长垣县西南。② 鲁阳：县名，即今河南鲁山县。③ 治中从事：官名，州刺史的助理。④ 功曹：官名，主管人事，并参与府中其他政务。⑤ 东曹掾：高

级官员僚属，与西曹掾并掌选举。西曹主府吏的署用，东曹主二千石官员及军官的任命。⑥ 崔琰：曾任丞相东西曹掾、中尉等官，掌选举十余年。为人耿直，有名于世。后有人诽谤他“傲世怨谤”，曹操令其自杀。《三国志》有传。⑦ 文帝：指曹操长子曹丕，即日后的魏文帝。五官将：即五官中郎将，见《武帝纪》注。⑧ 凭几：可凭靠的小几。⑨ 右军师：丞相官属，掌监察军务。⑩ 尚书仆射(yè)：尚书省长官，为尚书令的副贰。⑪ 司直：主持正直之道的人。《诗经・郑风・羔裘》：“彼其之子，邦之司直。”⑫ 周昌：汉初人，任御史大夫，为人刚直而口吃。高祖欲废太子，他在朝廷上力谏，说：“陛下欲废太子，臣期期(口吃声)不奉诏！”

崔琰既死，玠内不悦。后有白玠者：“出见黥面反者，其妻子没为官奴婢，玠言曰‘使天不雨者盖此也’。”太祖大怒，收玠付狱。大理钟繇诘玠曰[①]：“自古圣帝明王，罪及妻子。《书》云：‘左不共左，右不共右[②]，予则孥戮女。’司寇之职：‘男子入于罪隶，女子入于舂槀。’汉律：罪人妻子没为奴婢，黥面。汉法所行黥墨之刑，存于古典。今真奴婢祖先有罪，虽历百世，犹有黥面供官，一以宽良民之命，二以宥并罪之辜。此何以负于神明之意，而当致旱？案典谋，急恒寒若，舒恒燠若，宽则亢阳，所以为旱。玠之吐言，以为宽邪，以为急也？急当阴霖，何以反旱？成汤圣世，野无生草；周宣令主，旱魃为虐[③]。亢旱以来，积三十年，归咎黥面，为相值不？卫人伐邢，师兴而雨[④]，罪恶无征，何以应天？玠讥谤之言，流于下民，不悦之声，上闻圣听。玠之吐言，势不独语，时见黥面，凡为几人？黥面奴婢，所识知邪？何缘得见，对之叹言？时以语谁，见答云何？以何日月，于何处所？事已发露，不得欺隐，具以状对！”玠曰：“臣闻萧生缢死⑤，困于石显；贾子放外，谗在绛、灌⑥；白起赐剑于杜邮⑦；晁错致诛于东市⑧；伍员绝命于吴都⑨。斯数子者，或妒其前，或害其后。臣垂龆执简⑩，累勤取官，职在机近，人事所窜。属臣以私，无势不绝；语臣以冤，无细不理。人情淫利，为法所禁；法禁于利，势能害之。青蝇横生⑪，为臣作谤，谤臣之人，势不在他。昔王叔陈生争正王廷，宣子平理，命举其契⑫，是非有宜，曲直有所，《春秋》嘉焉，是以书之。臣不言此，无有时、人。说臣此言，必有征要。乞蒙宣子之辨，而求王叔之对。若臣以曲闻，即刑之日，方之安驷之赠⑬；赐剑之来，比之重赏之惠。谨以状对。”时桓阶、和洽进言救玠。玠遂免黜，卒于家。太祖赐棺器钱帛，拜子机郎中⑭。

【注释】

① 大理：见《武帝纪》注。② 左、右：指车左、车右。战国以前兵车，一车三人，中为驭者，左右各立一人，称车左、车右。③ 旱魃：旱神。④ 卫、邢：春秋时两个小国。《左传》僖公十九年：“卫人伐邢，以报菟圃之役。于是卫大旱……师兴而雨。”⑤ 萧生：萧望之，西汉人，历位将相。元帝时为宦官弘恭、石显谗毁，饮鸩自杀。⑥ 贾子：贾谊。绛：绛侯周勃。灌：灌婴。贾谊被汉文帝信任，周勃、灌婴说他擅

权乱政，文帝将他外放为长沙王太傅。⑦ 白起：战国秦昭王时名将，曾指挥著名的长平之战。秦相范雎忌其功。长平之战后，白起不同意进攻赵都邯郸，范雎乘机谗毁，昭王将白起逐出咸阳。至城西杜邮，又赐剑令其自杀。⑧ 晁错：汉景帝时任御史大夫，曾建议削弱诸侯，因此吴楚七国发动叛乱。爰盎等人乘机攻击晁错，景帝遂将他斩于东市。⑨ 伍员（yún）：字子胥，春秋时楚国人。楚王杀其父，遂逃于吴。曾佐吴王阖庐称霸诸侯。吴王夫差立，伍员与夫差意见不合，太宰嚭（pǐ）屡进谗言，夫差赐伍员剑逼令自刎。⑩ 龆（tiáo）：同"髫"。垂髫，儿童下垂的头发，此处指少年。执简：指执簿牍为吏。⑪ 青蝇：比喻进谗言的小人，出《诗经·小雅·青蝇》。⑫《左传》襄公十年记载：周灵王的卿士王叔陈生与另一卿士伯舆争讼，由晋国正卿范宣子评断曲直，宣子使二人"合要"，"王叔氏不能举其契"。要（yāo），指诉状、证辞等。契，即写要辞的契券。王叔理曲，故不能举其契。⑬ 安驷：安车驷马，用四匹马驾的一种低稳的车，用以赐德高望重的老臣。⑭ 郎中：五官郎中，帝王的侍从。

【翻译】

毛玠字孝先，陈留郡平丘县人。年轻时作县吏，以清廉奉公著称。他原打算到荆州避乱，还没到，就听说刘表政令不严明，于是改往鲁阳。太祖正作兖州牧，遂任命他为治中从事。毛玠对太祖说："现在天下分崩，君主迁移，人民失业，饥饿流亡，公家没有一年的储备，百姓没有安定的心思，很难持久。现今袁绍、刘表虽然兵强民众，但都没有长远的打算，没人致力于树立基础、培植根本。用兵要合乎正义才能取胜，还要有雄厚的财力才能巩固统治。因此应当拥戴天子以命令不臣服的人，搞好农耕，积蓄军资。这样一来，称霸称王的事业就可以成功了。”太祖认真地采纳了他的意见，转任他为幕府中的功曹。

太祖任司空、丞相时，毛玠曾经做东曹掾，与崔琰一起主管选举。他所举用的都是清廉正直的人士，那些尽管在当时有盛名，但行为虚浮、不务根本的人，始终没能得到提拔任用。他力求用俭朴的作风引导人们，因此全国的士人无不以清廉的节操来勉励自己，即使是地位高贵、受到宠信的大臣，车子、衣服也不敢超过制度。太祖叹息说：“用这样的人，使天下人自己治理自己，我还有什么可做的呢！”魏文帝作五官中郎将时，曾亲自去见毛玠，托他任用自己所亲信的人。毛玠回答说：“老臣因为能够恪守职责，才幸而得以免于获罪。现在您所说的人不符合升迁的次第，所以我不敢奉命。”大军回邺之后，讨论省并官府。当时很多人由于曾向毛玠请托为官被他拒绝，很害怕他，因此都想要废除东曹，就一起禀告太祖说：“按照旧制，西曹为上，东曹为次，应该撤销东曹。”太祖知道其中实情，下令说：“日出于东方，月明于东方，凡人说到方位，也是先说东方，为什么省东曹？”结果省去西曹。起初，太祖平定柳城，将缴获的器物赏赐群臣，特意以素屏风和素凭几赐给毛玠，说：“您有古人的作风，所以赐给你古人的用具。”毛玠居于显要的官位，但经常穿布衣吃素菜，抚育哥哥的孤儿情意深厚，所得的赏赐都用来救济贫困的族人，家里没有剩余的财物。后来升任右军师。魏国建立之初，做尚书仆射，再次掌管选举。当时太子还没有确定，而临菑侯曹植受到太祖宠爱，毛玠秘密劝告太祖说："近日袁绍因为嫡庶不分，导致破家亡国。废立太子是件大事，您想要废嫡子丕而立临菑侯植，这是我不愿意听到的事。"后来有一次群僚聚会，毛玠起身上厕所，太祖用眼睛指着他说："这人正是古人所说的'国之司直'，也是我的周昌啊。"

崔琰被杀之后，毛玠心中不悦。后来有人诬告毛玠说："毛玠出门看见黥面的造反者，那人的妻子儿女被籍没为官奴婢，他就说：'天不下雨，大概就因为这个。'"太祖大怒，把毛玠逮捕下狱。大理钟繇诘问毛玠说："自古圣帝明王惩罚罪犯，都连及妻儿。《尚书》说：'车左不尽车左的职责，车右不尽车右的职责，我就要杀死你们，还要把你们的妻儿罚为奴婢。'《周礼》记载司寇的职掌：'男子没入官府为奴隶，女子没入官府舂米、作弓箭。'汉朝法律：罪人的妻子和子女没入官府作奴婢，黥面。汉朝法律中所实行的黥面的刑罚，见于古代经典。现今真正的奴婢，他们的祖先有罪，即使经历百代，还是要黥面供官府服劳役，这样做一则可以减轻良民服役的负担，二则不将他们一并处死，这也是对他们的宽恕。这又怎么会违背神明的意志而导致旱灾？按《尚书·洪范》的说法，政令严急，则天气寒冷，政令宽缓，则天气炎热。政令过于宽大则阳气过盛，这就是造成天旱的原因。你毛玠说出这样的话，是认为国家的政令过宽了呢，还是过严了呢？如是过严，那就应当导致天多阴雨，怎么反而会天旱？成汤时代是太平圣世，但野无青草；周宣王也是好的君主，但当时也是大旱成灾。这次天旱，已经三十年了，归罪于黥面，这扯得上吗？春秋时卫国人征伐邢国，本来是天旱，但刚出兵就下雨了，要不是邢国罪恶确凿，怎么会感应上天？你毛玠讥刺诽谤的话，流传到了百姓当中,对国家不满的言论,魏王已有所闻。你毛玠所说的话,肯定不是自言自语,当时你看见的黥面人,总共是几个?黥面的奴婢,你认识吗?为什么能够见到这些人,对他们叹息谈话?当时你这些话是对谁说的,他又是如何回答的?是在哪月哪日,什么地点?你的事已经暴露,不许隐瞒欺骗,而要原原本本地写出供状。"毛玠回答说:"我听说萧望之自杀,是由于石显的排斥诬害;贾谊被贬斥在外,是由于周勃、灌婴的谗言中伤;白起被赐剑自刎于杜邮;晁错被杀于东市;伍员也被赐死于吴国。在这几个人的遭遇中,既有人公开地妒忌他们,也有人在背后暗害他们。我从少年就做县吏,积累勤劳而当了官。我的职务是执掌机要,这就需要排除人事关系。若是以私情请托我,再有权势的人我也要加以拒绝;若是把冤屈告诉我,再卑微的小民我也要加以申理。人们的欲望是无限地追求利益,而这是法律所禁止的;谁要按法律去禁止非法求利,有权势的人就能够陷害他。进谗言的小人就像苍蝇一哄而起,对我横加毁谤,毁谤我的人,肯定不是其他人。从前王叔陈生与伯舆在王庭上争辩曲直,由范宣子评断。宣子叫双方举出证词,是非曲直,各得其所,《春秋》称赞他,因此记载了这件事。我没有说过这样的话,因此也就不存在何时说的、对何人说的。说我说过这话,必须有证据。我请求派范宣子那样的人来加以评判,要王叔陈生那样的诬陷者来同我对质。假若曲在于我,我一定心悦诚服,受刑之日,就像得到安车驷马的赠予;要是赐剑让我自杀,也好比受到重赏的恩惠。谨申诉如上。"当时桓阶、和洽都进谏营救毛玠。于是毛玠被废黜,后来死在家中。太祖赐给棺材、器物、钱和绢帛,用他的儿子毛机为郎中。

王粲传

建安年间至魏初，文学兴盛。曹操、曹丕、曹植父子都是杰出的诗人。在他们的周围还有一批很有成就的文学家，其中陈琳、王粲、徐干、阮瑀、应玚、刘桢六人，加上稍长的孔融，被称为"建安七子"。以三曹、七子为代表的建安文学在中国文学史上占有重要地位，其刚健骏爽的风格，即所谓"建安风骨"受到后世盛赞，影响深远。本篇主要是为王粲（177—217）作传，但也连带述及陈、徐、阮、应、刘。虽则失之简略，但还是可以帮助我们了解建安七子的大概情况。传中引用曹丕与吴质的信，对六子的文学成就作了极精辟的概括。

王粲字仲宣，山阳高平人也①。曾祖父龚，祖父畅，皆为汉三公。父谦，为大将军何进长史②。进以谦名公之胄，欲与为婚，见其二子，使择焉，谦弗许。以疾免，卒于家。

献帝西迁，粲徙长安，左中郎将蔡邕见而奇之[3]。时邕才学显著，贵重朝廷，常车骑填巷，宾客盈坐。闻粲在门，倒屣迎之[4]。粲至，年既幼弱，容状短小，一坐尽惊。邕曰："此王公孙也，有异才，吾不如也。吾家书籍文章，尽当与之。"年十七，司徒辟，诏除黄门侍郎[5]，以西京扰乱，皆不就。乃之荆州依刘表。表以粲貌寝而体弱通侻[6]，不甚重也。表卒，粲劝表子琮，令归太祖。太祖辟为丞相掾[7]，赐爵关内侯。太祖置酒汉滨，粲奉觞贺曰："方今袁绍起河北，仗大众，志兼天下，然好贤而不能用，故奇士去之。刘表雍容荆楚，坐观时变，自以为西伯可规。士之避乱荆州者，皆海内之俊杰也，表不知所任，故国危而无辅。明公定冀州之日，下车即缮其甲卒，收其豪杰而用之，以横行天下。及平江汉，引其贤俊而置之列位，使海内回心，望风而愿治，文武并用，英雄毕力，此三王之举也。"后迁军谋祭酒[8]。魏国既建，拜侍中。博物多识，问无不对。时旧仪废弛，兴造制度，粲恒典之。

初，粲与人共行，读道边碑。人问曰："卿能暗诵乎？"曰："能。"因使背而诵之，不失一字。观人围棋，局坏，粲为覆之。棋者不信，以帊盖局，使更以他局为之，用相比校，不误一道。其强记默识如此。性善算，作算术，略尽其理。善属文，举笔便成，无所改定，时人常以为宿构，然正复精意覃思，亦不能加也。著诗、赋、论、议垂六十篇[9]。

建安二十一年，从征吴。二十二年春，道病卒，时年四十一。粲二子，为魏讽所引[10]，诛，后绝。

【注释】

① 山阳:郡名,见《武帝纪》注。高平:县名,在今山东微山县西北。② 长史:总管府事,相当于今天的秘书长。③ 左中郎将:官名,与右中郎将、五官中郎将俱统领皇帝侍卫。蔡邕:字伯喈,著名学者、文学家。④ 屣(xǐ):鞋。倒穿鞋而迎之,形容其急促。⑤ 黄门侍郎:官名,皇帝侍从。⑥ 侻(tuō):洒脱不羁。⑦ 丞相掾(yuàn):丞相属官。⑧ 军谋祭酒:即军师祭酒,见《武帝纪》注。⑨ 王粲的诗文后人编成《王粲集》十一卷,但已失传,现只有辑本。⑩ 指建安二十四年魏讽等企图发动政变事。

始,文帝为五官将,及平原侯植皆好文学。粲与北海徐干字伟长、广陵陈琳字孔璋、陈留阮瑀字元瑜、汝南应玚字德琏、东平刘桢字公干并见友善[①]。

干为司空军谋祭酒、掾属、五官将文学[②]。

琳前为何进主簿[③]。进欲诛诸宦官,太后不听,进乃召四方猛将,并使引兵向京城,欲以劫恐太后。琳谏进曰:"《易》称'即鹿无虞'[④],谚有'掩目捕雀'。夫微物尚不可欺以得志,况国之大事,其可以诈立乎!今将军总皇威,握兵要,龙骧虎步,高下在心,以此行事,无异于鼓洪炉以燎毛发。但当速发雷霆,行权立断,违经合道,天人顺之;而反释其利器,更征于他。大兵合聚,强者为雄,所谓倒持干戈,授人以柄,功必不成,祗为乱阶。"进不纳其言,竟以取祸。琳避难冀州,袁绍使典文章。袁氏败,琳归太祖。太祖谓曰:

"卿昔为本初移书⑤，但可罪状孤而已，'恶恶止其身'，何乃上及父祖邪⑥？"琳谢罪，太祖爱其才而不咎。

瑀少受学于蔡邕。建安中都护曹洪欲使掌书记⑦，瑀终不为屈。太祖并以琳、瑀为司空军谋祭酒，管记室⑧，军国书檄，多琳、瑀所作也。琳徙门下督⑨，瑀为仓曹掾属⑩。

玚、桢各被太祖辟，为丞相掾属。玚转为平原侯庶子⑪，后为五官将文学。桢以不敬被刑⑫，刑竟署吏。咸著文赋数十篇。

【注释】

① 徐干：北海郡剧县（今山东昌乐县西）人。陈琳：广陵郡广陵县（今江苏扬州市）人。阮瑀：陈留郡尉氏县（今河南尉氏县）人。应玚：汝南郡南顿县（今河南项城西）人。刘桢：东平国宁阳县（今山东宁阳县）人。② 五官将：指五官中郎将曹丕。文学：官名，掌典籍文章。③ 主簿：官名，掌文书。④《周易·屯卦》："即鹿无虞。惟入于山林。"虞，掌山林之官。大意是：猎鹿而无虞人指引，只有空入山林，而鹿不可得。⑤ 本初：袁绍字。⑥ 陈琳曾为袁绍起草檄文声讨曹操，骂曹操祖父曹腾"饕餮放横，伤化虐民"，其父曹嵩"盗窃鼎司，倾覆重器"等，并骂曹操是"赘阉（宦官）遗丑"。⑦ 都护：即都护将军。⑧ 记室：主起草文稿，如现代秘书。⑨ 门下督：高级将领门下的督将。⑩ 仓曹：三公府所属的一个部门，主管仓谷。⑪ 庶子：太子诸王的侍从官。⑫ 曹丕曾请刘桢等赴宴，命夫人甄氏出拜。座中人都伏

地，桢独平视。曹操遂收桢下狱。

瑀以十七年卒[①]。干、琳、玚、桢二十二年卒。文帝书与元城令吴质曰[②]："昔年疾疫，亲故多离其灾，徐、陈、应、刘，一时俱逝。观古今文人，类不护细行，鲜能以名节自立。而伟长独怀文抱质，恬淡寡欲，有箕山之志[③]，可谓彬彬君子矣。著《中论》二十余篇[④]，辞义典雅，足传于后。德琏常斐然有述作意，其才学足以著书，美志不遂，良可痛惜！孔璋章表殊健，微为繁富。公干有逸气，但未遒耳。元瑜书记翩翩，致足乐也。仲宣独自善于辞赋，惜其体弱，不起其文；至于所善，古人无以远过也。昔伯牙绝弦于钟期[⑤]，仲尼覆醢于子路[⑥]，痛知音之难遇，伤门人之莫逮也。诸子但为未及古人，自一时之俊也。"

【注释】

①十七年：建安十七年(212)。②吴质：字季重，济阴(治今山东定陶西北)人，文学家。受知于曹丕。曹丕与吴质的信全文见《昭明文选》。③箕山之志：意即不慕荣利。相传尧要让天下于许由，许由逃到箕山下农耕自食。④《中论》：书名，今存，有上下二卷，共二十篇。⑤相传春秋时，伯牙善鼓琴，而钟子期独能听出他琴声中表达的志向。钟子期死，伯牙哀痛再无知音，于是割断琴弦，不再鼓琴。⑥醢(hǎi)：肉酱。据说孔子的弟子子路在卫国做官，卫国发生内乱，子路被剁成肉酱。孔子听说后，很悲痛，叫

人把自己平时爱吃的肉酱倒了。

【翻译】

王粲字仲宣，山阳郡高平县人。曾祖父龚，祖父畅，都做过汉朝的三公。父谦，任大将军何进的长史。何进因为王谦是名公的后代，想同他连姻，叫他的两个儿子见王谦，让王谦选择，但王谦不同意。后来因为有病而免官，死在家里。

汉献帝西迁，王粲也迁到长安，左中郎将蔡邕一见到他就认为他非同寻常。当时蔡邕以高才硕学而著名，在朝廷中地位很高，经常车马填巷，宾客满座。听说王粲在门外求见，还没有来得及穿好鞋子就跑出去迎接他。王粲进来之后，年纪既小，身材又矮，一座皆惊。蔡邕说："这是王公的孙子，有非凡的才学，我比不上他。我家的书籍文章，要全部送给他。"十七岁时，司徒举用他为僚属，天子又下诏任命为黄门侍郎，由于长安局势动乱，他都没有就任。后来去荆州依附刘表。刘表因为他其貌不扬，身体虚弱，又不拘小节，不很重视他。刘表死后，王粲劝刘表的儿子刘琮归顺太祖。太祖任命他为丞相掾，赐爵关内侯。太祖在汉水之滨摆设酒宴，王粲举觞祝贺说："方今袁绍起于河北，依仗人马众多，一心兼并天下，但是他好贤而不能用，所以杰出之士都离开了他。刘表在荆州从容不迫，坐观时变，自以为可以做今天的周文王。避乱荆州的士人，都是海内的俊杰，而刘表不知任用，因此国家危难而没人辅佐。您平定冀州的时候，下车便整顿军队，收其豪杰加以任用，以便横行天下。平定江汉之后，又选拔这里的贤人俊士，把他们放在适当的官位,使天下归心,盼望您来治理,文武并用,英雄尽力,这是夏、商、周三王的作法啊。”后来被提升为军谋祭酒。魏国建立之后,被任命为侍中。他学识渊博,问无不答。当时旧的礼仪废弛,建立各种制度,经常是由王粲主持。

先前,王粲与其他人一起走,读路边的碑。别人问他:“你能暗诵吗?”他说:“能。”于是大家叫他背诵,果然一字不差。看人下围棋,棋局乱了,他便照原局重新摆出来。下棋的人不相信,用帕子盖住棋局,让他在另外的棋枰上覆局,两相比较,不误一道。他的记忆力就是这样的强。他生性善于计算,作算术,大体能穷尽算法的原理。又善于写文章,下笔便成,不用修改。当时人常常认为他是事先写好的,但纵使再专意深思,也不能写得更好了。他写的诗、赋、论、议将近六十篇。

建安二十一年,随从太祖征吴。二十二年春,在路上病死,当时四十一岁。王粲有两个儿子,因魏讽一案牵连而被杀,因此绝了后。

起初,魏文帝曹丕做五官中郎将时,与平原侯曹植都爱好文学。王粲与北海徐干字伟长、广陵陈琳字孔璋、陈留阮瑀字元瑜、汝南应玚字德琏、东平刘桢字公干,都是曹丕、曹植的好朋友。

徐干曾任司空军谋祭酒、掾属、五官中郎将文学等官职。

陈琳先前做何进的主簿。何进打算诛杀宦官,何太后不许,何进便征召四方猛将,并叫他们带兵开向京城,想以此要挟、恐吓太后。陈琳劝阻何进说:“《易经》称‘猎鹿而无猎人指引,空入山林’,谚语也有‘掩目捕雀’的话。捕猎鹿与雀这样的小东西尚且不能用自欺的方法达到目的，何况是国家大事，怎么可以用欺诈的方式来完成呢！现在将军总揽皇帝的权威，掌握军队的枢要，龙腾虎步，随心所欲，凭借这样的条件而行事，诛除宦官，无异于鼓洪炉以烧毛发，轻而易举。不过要以迅雷不及掩耳之势，当机立断，虽是非常行动，然而合乎正道，顺天应人。您不这样做，反而放下自己手中的利器，求助于人。到时大兵会合，强者称雄，所谓倒持干戈，授人以柄，功必不成，反招祸乱。”何进没有采纳他的意见，终于因此遭到杀身之祸。后来陈琳避难到冀州，袁绍叫他负责起草文章。袁绍失败后，陈琳归太祖。太祖对他说：“你过去替袁绍起草声讨我的檄文，只列举我的罪状就可以了。古人说‘恨恶人只恨他本人’，为什么你竟骂到我的父亲、祖父呢？”陈琳谢罪，太祖爱他的才，因而不加追究。

阮瑀年少时受学于蔡邕。建安中都护将军曹洪想要他掌管文书工作，阮瑀始终不愿屈从。太祖用陈琳、阮瑀都做司空军谋祭酒，管草拟文书，当时的军国书檄，大多是陈琳、阮瑀所作的。后来陈琳转为门下督，阮瑀为仓曹掾属。

应玚、刘桢分别被太祖任用为丞相掾属。后来应玚转为平原侯曹植的庶子，后又做五官中郎将曹丕的文学。刘桢则因不敬之罪而被判刑，刑满后作吏。他们都著有文赋数十篇。

阮瑀于建安十七年死，徐干、陈琳、应玚、刘桢于建安二十二年死。魏文帝写信给元城令吴质说：“往年疫病流行，亲戚朋友很多遭到灾难，徐、陈、应、刘，同时去世。我看古今的文人，大都不爱护细节，很少有人能以名节自立于世。唯独徐伟长既有文采，又很朴实，恬淡寡欲，不慕荣利，有许由隐于箕山的志向，可说是文质兼美的君子了。他著有《中论》二十余篇，辞义典雅，足以流传于后世。应德琏文采斐然，常有意于著述，他的才学完全可以著书，可惜其良好的志愿未能实现，很可痛惜！陈孔璋善于写章表，笔力雄健，但稍嫌烦冗。刘公干辞气超逸，只是还不够刚劲罢了。阮元瑜书牍优美，极为可喜。王仲宣独自善于辞赋，可惜他魄力不足，不能提起其文章的气势；但其中写得好的地方，古人也无法胜过他很远。从前伯牙为钟子期之亡而割断琴弦，是悲痛知音的难遇；仲尼为子路之死而倒掉肉酱，是哀伤在世的弟子没人能赶上他。这几个人尽管还比不上古人，但也算得上当代的俊秀了。”

华 佗 传

华佗(? —208)是我国古代伟大的医学家。他擅长内、外、针灸各科，尤精于外科。他用“麻沸散”进行全身麻醉之后，可以施行剖腹等大手术，反映了当时祖国医学在麻醉术和外科手术方面所达到的高度成就。他提倡体育锻炼，创造了一套叫“五禽戏”的健身操，认为“人体欲得劳动……动摇则谷气得消，血脉流通，病不得生，譬犹户枢不朽是也”。这是我国养生学的经验总结。可惜他最后被曹操无辜杀害，他的医学著作没能直接流传下来。本篇概述了华佗在医学上的主要成就，并记载了他诊治的十几个病例，是医学史上的一篇重要文献。从传中还可以看到华佗倔强的性格和不畏权贵、不喜逢迎的精神。

华佗字元化，沛国谯人也，一名旉。游学徐土，兼通数经。沛相陈珪举孝廉，太尉黄琼辟，皆不就。晓养性之术，时人以为年且百岁，而貌有壮容。又精方药。其疗疾，合汤不过数种，心解分剂，不复称量，煮熟便饮，语其节度，舍去辄愈。若当灸，不过一两处，每处不过七八壮，病亦应除。若当针，亦不过一两处，下针言"当引某许，若至，语人"，病者言"已到"，应便拔针，病亦行差。若病结积在内，针药所不能及，当须刳割者，便饮其麻沸散，须臾便如醉死无所知，因破取。病若在肠中，便断肠湔洗，缝腹膏摩，四五日差，不痛，人亦不自寤，一月之间，即平复矣。

故甘陵相夫人有娠六月，腹痛不安，佗视脉，曰："胎已死矣。"使人手摸知所在，在左则男，在右则女。人云在左，于是为汤下之，果下男形，即愈。

县吏尹世苦四支烦，口中干，不欲闻人声，小便不利。佗曰："试作热食，得汗则愈；不汗，后三日死。"即作热食，而不汗出，佗曰："藏气已竭于内，当啼泣而绝。"果如佗言。

府吏兒寻、李延共止，俱头痛身热，所苦正同。佗曰："寻当下之，延当发汗。"或难其异，佗曰："寻外实[①]，延内实，故治之宜殊。"即各与药，明旦并起。

盐渎严昕与数人共候佗[②]，适至，佗谓昕曰："君身中佳否？"昕曰："自如常。"佗曰："君有急病见于面，莫多饮酒。"坐毕归，行数里，昕卒头眩堕车，人扶将还，载归家，中宿死。

故督邮顿子献得病已差[③]，诣佗视脉，曰："尚虚，未得复，勿为劳事，御内即死。临死，当吐舌数寸。"其妻闻其病除，从百余里来省之，止宿交接，中间三日发病，一如佗言。

督邮徐毅得病，佗往省之。毅谓佗曰："昨使医曹吏刘租针胃管讫[4]，便苦欬嗽，欲卧不安。"佗曰："刺不得胃管，误中肝也，食当日减，五日不救。"遂如佗言。

东阳陈叔山小男二岁得疾[5]，下利常先啼，日以羸困。问佗，佗曰："其母怀躯，阳气内养，乳中虚冷，儿得母寒，故令不时愈。"佗与四物女宛丸，十日即除。

【注释】

① 中医"八纲"将病症分为实、虚两类，一般表现为有余、结实、强盛等则为实证，表现为不足、松弛、衰退等则为虚证。虚实又各分内外。② 盐渎：县名，在今江苏盐城西北。③ 督邮：郡中佐吏，掌督察属县。④ 医曹吏：郡中掌医药的属吏。胃管：即中脘（wǎn）穴，在脐上四寸处。⑤ 东阳：县名，在今安徽天长西北。

彭城夫人夜之厕，虿螫其手，呻呼无赖。佗令温汤近热，渍手其中，卒可得寐，但旁人数为易汤，汤令暖之，其旦即愈。

军吏梅平得病，除名还家。家居广陵[1]，未至二百里，止亲人舍。有顷，佗偶至主人许，主人令佗视平。佗谓平曰："君早见我，可不至此。今疾已结，促去可得与家相见，五日卒。"应时归，如佗所刻。

佗行道，见一人病咽塞，嗜食而不得下，家人车载欲往就医。佗闻其呻吟，驻车往视，语之曰："向来道边有卖饼家蒜齑大酢，从取三升饮之，病自当去。"即如佗言，立吐蛇一枚，县车边，欲造佗。佗尚未还，小儿戏门前，逆见，自相谓曰："似逢我公，车边病是也②。"疾者前入坐，见佗北壁县此蛇辈约以十数。

又有一郡守病，佗以为其人盛怒则差，乃多受其货而不加治，无何弃去，留书骂之。郡守果大怒，令人追捉杀佗。郡守子知之，属使勿逐。守瞋恚既甚，吐黑血数升而愈。

又有一士大夫不快，佗云："君病深，当破腹取。然君寿亦不过十年，病不能杀君，忍病十岁，寿俱当尽，不足故自刳裂。"士大夫不耐痛痒，必欲除之。佗遂下手，所患寻差，十年竟死。

广陵太守陈登得病，胸中烦懑，面赤不食。佗脉之曰："府君胃中有虫数升③，欲成内疽，食腥物所为也。"即作汤二升，先服一升，斯须尽服之。食顷，吐出三升许虫，赤头皆动，半身是生鱼脍也，所苦便愈。佗曰："此病后三期当发，遇良医乃可济救。"依期果发动，时佗不在，如言而死。

太祖闻而召佗，佗常在左右。太祖苦头风④，每发，心乱目眩，佗针鬲⑤，随手而差。

【注释】

① 广陵：县名，即今江苏扬州市，为广陵郡治所。② 这句不大好解释，《后汉书·方术列传·华佗传》作："客车边有物，必是逢我翁也。"较通。今以意译。③ 府君：

汉时对太守的尊称。④ 头风：是一种时发时止的头痛病，多由风寒侵袭、痰火郁遏、气血壅滞头部引起。⑤ 鬲：即膈俞（gé shù）穴，在背部。

李将军妻病甚，呼佗视脉，曰："伤娠而胎不去。"将军言："（闻）［间］实伤娠①，胎已去矣。"佗曰："案脉，胎未去也。"将军以为不然。佗舍去，妇稍小差。百余日复动，更呼佗，佗曰："此脉故事有胎，前当生两儿，一儿先出，血出甚多，后儿不及生。母不自觉，旁人亦不寤，不复迎，遂不得生。胎死，血脉不复归，必燥著母脊，故使多脊痛。今当与汤，并针一处，此死胎必出。"汤针既加，妇痛急如欲生者。佗曰："此死胎久枯，不能自出，宜使人探之。"果得一死男，手足完具，色黑，长可尺所②。

佗之绝技，凡此类也。然本作士人，以医见业，意常自悔。后太祖亲理，得病笃重，使佗专视。佗曰："此近难济，恒事攻治，可延岁月。"佗久远家，思归，因曰："当得家书，方欲暂还耳。"到家，辞以妻病，数乞期不反。太祖累书呼，又敕郡县发遣。佗恃能，厌食事，犹不上道。太祖大怒，使人往检。若妻信病，赐小豆四十斛，宽假限日；若其虚诈，便收送之。于是传付许狱，考验首服。荀彧请曰："佗术实工，人命所县，宜含宥之。"太祖曰："不忧，天下当无此鼠辈耶！"遂考竟佗。佗临死，出一卷书与狱吏，曰："此可以活人。"吏畏法不受，佗亦不强，索火烧之。佗死后，太祖头风未除。太祖曰："佗能愈此。小人养吾病，欲以自重，然吾不杀此子，亦终当不为我断此根原耳。”及后爱子仓舒病困，太祖叹曰：“吾悔杀华佗，令此儿强死也。”

初，军吏李成苦欬嗽，昼夜不（寤）［寐］③，时吐脓血，以问佗。佗言：“君病肠臃，欬之所吐，非从肺来也。与君散两钱，当吐二升余脓血，讫，快。自养，一月可小起，好自将爱，一年便健。十八岁当一小发，服此散，亦行复差。若不得此药，故当死。”复与两钱散。成得药，去五六岁④，亲中人有病如成者，谓成曰：“卿今强健，我欲死，何忍无急去药，以待不祥？先持贷我，我差，为卿从华佗更索。”成与之。已，故到谯，适值佗见收，匆匆不忍从求。后十八岁，成病竟发，无药可服，以至于死。

【注释】

① 闻：《后汉书·华佗传》作“间”，是。间，近来。② 汉代的一尺只相当于今七寸左右。③ 寤：《后汉书·华佗传》作“寐”，是。④ 去（jǔ）：通“弃”，藏。

广陵吴普、彭城樊阿皆从佗学。普依准佗治，多所全济。佗语普曰：“人体欲得劳动，但不当使极尔。动摇则谷气得消，血脉流通，病不得生，譬犹户枢不朽是也。是以古之仙者为导引之事①，熊（颈）［经］鸱顾②，引挽腰体，动诸关节，以求难老。吾有一术，名五禽之戏，一曰虎，二曰鹿，三曰熊，四曰猿，五曰鸟，亦以除疾，并利蹄足，以当导引。体中不快，起作一禽之戏，沾濡汗出，因上著粉，身体轻便，腹中欲食。”普施行之，年九十余，耳目聪明，齿牙完坚。

阿善针术。凡医咸言背及胸藏之间不可妄针，针之不过四分，而阿针背入一二寸，巨阙胸藏针下五六寸③，而病辄皆瘳。阿从佗求可服食益于人者，佗授以漆叶青粘散。漆叶屑一升，青粘屑十四两，以是为率。言久服去三虫④，利五藏，轻体，使人头不白。阿从其言，寿百余岁。漆叶处所而有，青粘生于丰、沛、彭城及朝歌云⑤。

【注释】

① 导引：古代的一种活动筋骨以强身健体的方法，相当于做体操。② 经：原作“颈”，据《后汉书·华佗传》改。经：缢死，上吊，这里意思是悬挂。③ 巨阙：穴名，位于腹正中线上，脐上六寸。④ 三虫：人腹中的三种寄生虫。说法不一。⑤ 丰、沛、彭城、朝歌：均县名。丰，今江苏丰县；沛，今江苏沛县；彭城，今徐州市；朝歌，今河南淇县。

【翻译】

华佗字元化，沛国谯县人，又名旉。曾游学徐州，兼通几部经典。沛相陈珪荐举他为孝廉，太尉黄琬委任他做属官，他都不就职。由于他通晓养生的方法，当时人认为他已经接近百岁，但容貌像个壮年人。又精通方药。替人治病时，配合汤剂不过几种药，心中能准确掌握药物分量，随手抓来，不再称量，煮好便饮，告诉病人注意事项，药吃完病就好了。如果用灸，不过一两处，每处艾灼不过七八下，病也应时而除。如果用针，也不过一两处。进针时对病人说："胀麻的感觉应当传到某处，要是到了，就告诉我。"病人说"已到"，便拔出针，病也就很快好了。如若病结积在体内深处，下针用药都不能达到，需要用刀剖开的，便服下他的麻沸散，一会儿就像醉死过去，毫无知觉，于是乘机破开治疗。病若在肠中，便割断肠清洗，然后缝好肚腹，抹上药膏，四五天就好了，不痛，病人自己也不觉得，一月之间，就完全康复了。

原甘陵相的夫人怀孕六个月，腹痛不安。华佗切过脉，说："胎已经死了。"叫人用手摸，找到胎儿位置，在左就是男胎，在右就是女胎。摸的人说"在左"，于是服汤药打下，果然打下男胎，孕妇也就好了。

县吏尹世苦于四肢烦燥，口中干渴，不愿听见人声，小便不利。华佗说："试替他做些热食吃下，出汗就好了；若不出汗，过三天就会死去。"马上做热食，吃下之后不出汗，华佗说："五脏的生气已绝于内，将要哭啼而死。"结果真像他所说的那样。

府吏兒寻、李延二人住在一起，都感到头痛身热，症状完全相同。华佗说："兒寻应当用泻法，李延应当发汗。"有人反驳他，为什么症状相同，治法不同？华佗说："兒寻外实，李延内实，所以治疗应当不同。"于是分别给药，第二天都起了床。

盐渎县人严昕与几个人一起等候华佗，正好来了，华佗对严昕说："您感觉身体好吗？"严昕说："跟平常一样。"华佗说："您有急病表现在脸上，莫多饮酒。"事情完毕离座归家，走了几里，严昕突然头晕跌下车来，其他人扶他上车，回到家，夜半就死了。

原督邮顿子献得病已好了，去找华佗看脉，华佗说："你还虚弱，还没有复元，不要做劳累的事，若与妻子行房事就要死。临死时，将会吐出舌头几寸。"顿子献的妻子听说他病已好，从百多里外来看他，留宿并同了房，隔了三天就发病，完全像华佗说的那样。

督邮徐毅得病，华佗去看他。徐毅对华佗说："昨天叫医曹吏刘租针胃管穴之后，便苦于咳嗽，想睡觉，身体不适。"华佗说："这是因为没有刺准胃管，误伤了肝，饮食将会一天天减少，五天之后不可救。"结果也如华佗所说。

东阳县人陈叔山的小儿子两岁得病，下痢时常先哭啼，一天天瘦弱无力。问华佗，华佗说："他母亲怀孕时，阳气集到腹内，乳中虚冷，小儿吸了母亲的寒气，以致不能及时痊愈。"华佗开给四物女宛丸，十天就好了。

彭城夫人夜里上厕所，被蝎子螫了手，呻吟呼叫，百般无奈。华佗叫她用比较热的温水，把手浸入其中，终于能够入睡；只是旁人要经常为她换水，使水保持热度，第二天清早就好了。

军吏梅平得病，被除名回家。他家住在广陵，离家还有二百里，到一个亲戚家里歇息。过了一会儿，华佗偶然到了这家，这家主人叫华佗给梅平看病。华佗对梅平说："您若早见到我，可以不至于此。现在病已经很深沉，赶快回去还可以与家人相见，过五天就没救了。"梅平马上回家，正像华佗预计的那样。

华佗走在路上，见一人患咽喉哽塞，很想吃东西而吞不下去，家里人用车载着他想去就医。华佗听见他呻吟，停车去看，对他说："你刚才来的路上，路边卖饼的人家有蒜泥大醋，向他要三升喝下去，病就会好。”病者便照华佗说的办，马上吐出一条蛇。他把蛇挂在车边，想要拜访华佗。华佗还没回家，有小儿在门前玩耍，迎面看见，互相说：“他好像遇见了我们爷爷，因为车边挂着这个东西。”病人进屋入座，看见华佗家北墙头悬挂这类蛇有好几十条。

又有一位郡太守生了病，华佗认为此人如果大怒病就会好。因此收了他很多财物而不加以治疗，不久更是丢下他不辞而走，还留封信骂他。郡守果然大怒，派人追赶，要捉拿并杀死华佗。郡守的儿子知道这事，嘱咐所派的人不要追赶。太守愤怒得很，吐出黑血几升，病马上就好了。

又有一个士大夫不舒服，华佗说：“你的病很深，要剖腹治疗。但你的寿命也不过十年，病不能要你的命，忍病十年，寿数也完了，不值得特意剖腹。”这个士大夫受不了又痛又痒的折磨，一定要割除。华佗就替他动手开刀，病很快就好了，但十年后还是死了。

广陵太守陈登得病，胸中烦闷，面红耳赤，不思饮食。华佗诊过脉，说：“府君胃中有好几升虫，快要形成内疽，这是吃腥物造成的。”立即作汤剂二升，先服一升，过一会儿全部服下。大约有一顿饭工夫，吐出三升左右的虫，赤色的头都在蠕动，半截身体还是切细的生鱼肉，所害的病也就痊愈了。华佗说：“这个病过三年还会复发，遇到好的医生才可以救治。”到期果然发作，当时华佗不在，正像他所预言那样死去。

太祖听说后把华佗召来，经常留在身边。太祖患头风，每次发病，心乱目眩，华佗针膈俞穴，手到病除。

李将军的妻子病得很厉害，叫华佗诊脉，华佗说：“伤了胎但死胎没有除去。”将军说：“近来确是伤过胎，但死胎已经出来了。”华佗说：“按脉，胎没下。”将军不以为然。华佗也就不管了，而妇人的病也逐渐好些了。过了百余天再次发作，又把华佗叫来。华佗说：“她这脉按先例就是有胎。以前应当是生两个婴儿，一个婴儿先生下，出血很多，后一个婴儿来不及生。母亲自己不觉得，旁人也没有发觉，不再接生，因此就没有生出来。胎死，血脉不再进入胎儿体内，必然干枯而贴连母亲的脊背，致使背脊常痛。现在应当给她服汤药，并针一处，这死胎自会出来。”服过药，扎过针，妇人急痛，就像要生产一样。华佗说：“这个死胎已干枯很久，不能自己出来，应该叫人用手探取。”果然取出一个死了的男胎，手足完具，黑色，长一尺左右。

华佗的绝技，都像这一类。但他本来是士人，而以医作为职业，心中常感到后悔。后来太祖亲自处理国事，得病很重，叫华佗专门诊治。华佗说：“这种病一时很难治好，长期治疗，方可延迟岁月。”华佗长期离家，想要回去，因而说：“适才得到家书，想暂时回去。”到家后，借口妻子病了，多次请假不返。太祖几次写信叫他，又命令郡县官吏遣送他回来。华佗仗恃自己的技能，厌恶为人役使以求食，仍然不上路。太祖大怒，叫人前往调查核实：如果他妻子真的病了，便赐给小豆四十石，宽限假期；如果他弄虚作假，便拘捕送回。于是用驿车押送到许都的监狱，经拷问，本人认罪服罪。荀彧请求说：“华佗的医术的确很高明，事关人命，应该宽赦他。”太祖说：“别担忧，天下难道会没有这等鼠辈吗？”于是将他拷打，以至死于狱中。华佗临死，拿出一卷书送给狱吏，说：“这书可以活人。”狱吏怕犯法不敢接受，华佗也不勉强他，索火烧了。华佗死后，太祖头风还是没有好。太祖说：“华佗能治愈这种病。小人留下我的病，是想以此抬高自己。但如果我不杀这小子，也终究不会为我断绝这病根的。”后来爱子仓舒病危，太祖叹息说：“我后悔杀了华佗，使得这孩子枉死。”

起初，军吏李成苦于咳嗽，昼夜不能入睡，时常吐脓血，去问华佗。华佗说：“你得的是肠痈，咳嗽吐出的东西，不是从肺部来的。我给你药粉两钱，吃了将会吐出二升多脓血，吐完就感觉舒服了。自己休养，一个月可稍稍起床；再好生将养爱护，一年便能恢复健康。过十八年将会小发一次，服了这药，不久又会痊愈。但假使没有这种药，那就必然会死。”于是再给他两钱这种药粉。李成得药，收藏了五六年，亲戚中有人得了同样的病，对李成说：“你现在很强健，而我快死了，你怎么忍心没有急病而藏着药，以等待将来生病？你先拿来借给我吃，我好了，替你去向华佗另外索取。”李成把药给了他。这人病好后，特意去到谯县，正遇上华佗被拘捕，匆忙之中不忍向他求药。到了第十八年，李成的病果然发作，无药可服，以至于死。

广陵吴普、彭城樊阿都跟随华佗学医。吴普依照华佗治疗的方法，医好了很多人。华佗对吴普说：“人体应当经常活动，只是不要过于疲劳罢了。活动可以使食物消化，血脉流通，不致生病，好比经常转动的户枢不会腐朽一样。因此古代的仙人做“导引”的事，仿效熊攀枝悬挂和鸱鸟回顾的动作，伸展腰肢，活动各关节，以求推迟衰老。我有一种健身术，名叫‘五禽戏’，一为虎，二为鹿，三为熊，四为猿，五为鸟，也是用来消除疾病，并使四肢轻健，用来当作古人的导引之术。身体不舒服，便起身作一禽之戏，微微出汗，然后扑一点粉，便会感到身体轻便，腹中想吃东西。”吴普如法实行，活了九十多岁，还是耳聪目明，牙齿完整坚固。

樊阿善于针术。一般医生都说背部和胸部内脏区域不能乱扎针，要扎针也不能深过四分，而樊阿在背部扎针深入一二寸，在巨阙穴当胸脏处下针五六寸，而病总是都能痊愈。樊阿向华佗求教可以服食而对人有益的药，华佗传授给他“漆叶青粘散”：漆叶屑一升，青粘屑十四两，按这个比例配方。说是久服可以除去三虫，有利于五脏，使身体轻便，头发不白。樊阿听从他的话，活到百余岁。漆叶到处都有，青粘生于丰、沛、彭城和朝歌等县。

先　主　传

本篇是蜀汉先主刘备(161—223)的传记，叙述了刘备艰难创业的过程。刘备出身于一个没落的皇族家庭，他也是靠参与镇压黄巾而起家的。在汉末群雄角逐之中，他原只是一个势力单微的小军阀，被吕布、曹操等大军阀打得东奔西跑，经常寄人篱下。但他始终折而不挠，败而不亡。这一方面是他利用了各军阀之间的矛盾，另一方面，也由于他有着曹操等人所没有的一些长处，如宽仁大度，礼贤爱士，较重信义，而且雄姿杰出，因此很得人心，名声很大。后来他得到诸葛亮的辅助，在赤壁之战中，联合孙权，打败曹操，开始在荆州取得立足之地，这成为他一生事业的一个转折点。以后又向益州发展，兼并刘璋，终于创建蜀汉。他于天下扰攘之中，统一了中国西南地区，在历史上起过一定的进步作用，算得上一个英雄。但他的才能远远不及曹操，一生打仗，败多胜少。特别是当了皇帝之后，为了替关羽报仇，忘记了联吴抗曹的大计，不顾群臣劝阻，执意东征，而又指挥错误，以至夷陵之战全军覆没。因此对于这个历史人物，不能给予过高的评价。

先主姓刘，讳备，字玄德，涿郡涿县人①，汉景帝子中山靖王胜之后也。胜子贞，元狩六年封涿县陆城亭侯②，坐酎金失侯③，因家焉。先主祖雄，父弘，世仕州郡。雄举孝廉，官至东郡范令。

先主少孤，与母贩履织席为业。舍东南角篱上有桑树生，高五丈余，遥望见童童如小车盖，往来者皆怪此树非凡，或谓当出贵人。先主少时，与宗中诸小儿于树下戏，言："吾必当乘此羽葆盖车④。"叔父子敬谓曰："汝勿妄语，灭吾门也！"年十五，母使行学，与同宗刘德然、辽西公孙瓒俱事故九江太守同郡卢植。德然父元起常资给先主，与德然等。元起妻曰："各自一家，何能常尔邪！"起曰："吾宗中有此儿，非常人也。"而瓒深与先主相友。瓒年长，先主以兄事之。先主不甚乐读书，喜狗马、音乐、美衣服。身长七尺五寸⑤，垂手下膝，顾自见其耳。少语言，善下人，喜怒不形于色。好交结豪侠，年少争附之。中山大商张世平、苏双等赀累千金，贩马周旋于涿郡，见而异之，乃多与之金财，先主由是得用合徒众。

【注释】

① 涿县：即今河北涿州。② 元狩：汉武帝年号。据《汉书》，刘贞于武帝元朔二年封陆城侯，不是元狩六年。

又陆城(又作成),县名,属中山国,故城在今河北蠡县南,这里说“涿县陆城亭侯”,误。③ 酎(zhòu)金:汉律,天子祭宗庙,诸侯献金助祭,叫酎金。汉武帝曾借口酎金不合规格而废除大批列侯爵位。④ 羽葆盖车:天子所乘的一种车,以翠羽饰车盖。⑤ 七尺五寸:约相当于今 1.73 米。

灵帝末,黄巾起,州郡各举义兵,先主率其属从校尉邹靖讨黄巾贼有功,除安喜尉①。督邮以公事到县,先主求谒,不通,直入缚督邮,杖二百,解绶系其颈着马枊②,弃官亡命。顷之,大将军何进遣都尉毌丘毅诣丹杨募兵,先主与俱行,至下邳遇贼,力战有功,除为下密丞③。复去官。后为高唐尉,迁为令。为贼所破,往奔中郎将公孙瓒④,瓒表为别部司马⑤,使与青州刺史田楷以拒冀州牧袁绍。数有战功,试守平原令,后领平原相。郡民刘平素轻先主,耻为之下,使客刺之。客不忍刺,语之而去。其得人心如此。

【注释】

① 安喜:县名,在今河北定州东,属中山国。尉:县尉,主管捕盗贼。② 枊(áng):系马的木桩。③ 下密:县名,在今山东昌邑东。丞:县令或县长的佐官。④ 中郎将:领兵的军官之一,次于将军。⑤ 别部司马:高级将领属下的军官,别领一部,故名。

袁绍攻公孙瓒，先主与田楷东屯齐。曹公征徐州，徐州牧陶谦遣使告急于田楷，楷与先主俱救之。时先主自有兵千余人及幽州乌丸杂胡骑①，又略得饥民数千人。既到，谦以丹杨兵四千益先主，先主遂去楷归谦。谦表先主为豫州刺史，屯小沛②。谦病笃，谓别驾麋竺曰："非刘备不能安此州也。"谦死，竺率州人迎先主，先主未敢当。下邳陈登谓先主曰："今汉室陵迟，海内倾覆，立功立事，在于今日。彼州殷富③，户口百万，欲屈使君抚临州事。"先主曰："袁公路近在寿春④，此君四世五公，海内所归，君可以州与之。"登曰："公路骄豪，非治乱之主。今欲为使君合步骑十万，上可以匡主济民，成五霸之业，下可以割地守境，书功于竹帛。若使君不见听许，登亦未敢听使君也。"北海相孔融谓先主曰："袁公路岂忧国忘家者邪？冢中枯骨，何足介意！今日之事，百姓与能，天与不取，悔不可追。"先主遂领徐州。袁术来攻先主，先主拒之于盱眙、淮阴⑤。曹公表先主为镇东将军，封宜城亭侯，是岁建安元年也。

【注释】

① 乌丸：见《武帝纪》注。杂胡：北方的各种胡人。② 小沛：即沛县，见《武帝纪》注。③ 彼州：当从《华阳国志》作"鄙州"。陈登即徐州人，故谦称"鄙州"。④ 袁公路：袁术，字公路。⑤ 盱眙（xū yí）：县名，在今江苏盱眙县东北。淮阴：县名，在今江苏淮安。

先主与术相持经月，吕布乘虚袭下邳。下邳守将曹豹反，间迎布。布虏先主妻子，先主转军海西[①]。杨奉、韩暹寇徐、扬间，先主邀击，尽斩之[②]。先主求和于吕布，布还其妻子。先主遣关羽守下邳[③]。

先主还小沛，复合兵得万余人。吕布恶之，自出兵攻先主，先主败走，归曹公。曹公厚遇之，以为豫州牧。将至沛收散卒，给其军粮，益与兵使东击布。布遣高顺攻之，曹公遣夏侯惇往，不能救，为顺所败，复虏先主妻子送布。曹公自出东征，助先主围布于下邳，生禽布。先主复得妻子，从曹公还许。表先主为左将军[④]，礼之愈重，出则同舆，坐则同席。袁术欲经徐州北就袁绍，曹公遣先主督朱灵、路招要击术。未至，术病死。

先主未出时，献帝舅车骑将军董承（辞）受帝衣带中密诏[⑤]，当诛曹公。先主未发[⑥]。是时曹公从容谓先主曰："今天下英雄，唯使君与操耳，本初之徒，不足数也。"先主方食，失匕箸。遂与承及长水校尉种辑、将军吴子兰、王子服等同谋。会见使，未发。事觉，承等皆伏诛。

先主据下邳。灵等还，先主乃杀徐州刺史车胄，留关羽守下邳，而身还小沛。东海昌霸反，郡县多叛曹公为先主，众数万人，遣孙乾与袁绍连和。曹公遣刘岱、王忠击之，不克。五年，曹公东征先主，先主败绩。曹公尽收其众，虏先主妻子，并禽关羽以归。

先主走青州。青州刺史袁谭，先主故茂才也[⑦]，将步骑迎先主。先主随谭到平原，谭驰使白绍。绍遣将道路奉迎，身去邺二百里，与先主相见。驻月余日，所失亡士卒稍稍来集。曹公与袁绍相拒于官渡，汝南黄巾刘辟等叛曹公应绍。绍遣先主将兵与辟等略许下。关羽亡归先主。曹公遣曹仁将兵击先主，先主还绍军，阴欲离绍，乃说绍南连荆州牧刘表。绍遣先主将本兵复至汝南，与贼龚都等合，众数千人。曹公遣蔡阳击之，为先主所杀。

曹公既破绍，自南击先主。先主遣麋竺、孙乾与刘表相闻，表自郊迎，以上宾礼待之，益其兵，使屯新野。荆州豪杰归先主者日益多，表疑其心，阴御之，使拒夏侯惇、于禁等于博望⑧。久之，先主设伏兵，一旦自烧屯伪遁，惇等追之，为伏兵所破。

【注释】

① 海西：县名，在今江苏灌南县南。② 这时杨奉、韩暹未死，此处记载有误。③ 遣关羽守下邳是吕布死后事，此处亦误。④ 左将军：汉有前、后、左、右将军，位次上卿，金印紫绶。⑤“辞”字是多出的字，应删。⑥ 根据下文，“先主未发”四字应当是多余的文字。⑦ 茂才：即秀才。东汉避光武帝刘秀的名讳，改“秀”为“茂”。秀才是汉代荐举人才的一个科目，每年由州刺史按一定名额向中央推荐。袁谭是豫州汝南郡人，刘备做豫州刺史，举为茂才。⑧ 博望：县名，在今河南方城县西南。

十二年，曹公北征乌丸，先主说表袭许，表不能用。曹公南征表，会表卒，子琮代立，遣使请降。先主屯樊，不知曹公卒至，至宛乃闻之，遂将其众去。过襄阳，诸葛亮说先主攻琮，荆州可有。先主曰："吾不忍也。"乃驻马呼琮，琮惧不能起。琮左右及荆州人多归先主。比到当阳，众十余万，辎重数千两，日行十余里，别遣关羽乘船数百艘，使会江陵。或谓先主曰："宜速行保江陵，今虽拥大众，被甲者少，若曹公兵至，何以拒之？"先主曰："夫济大事必以人为本，今人归吾，吾何忍弃去！"

曹公以江陵有军实，恐先主据之，乃释辎重，轻军到襄阳。闻先主已过，曹公将精骑五千急追之，一日一夜行三百余里，及于当阳之长坂①。先主弃妻子，与诸葛亮、张飞、赵云等数十骑走，曹公大获其人众辎重。先主斜趋汉津②，适与羽船会，得济沔，遇表长子江夏太守琦众万余人，与俱到夏口。先主遣诸葛亮自结于孙权，权遣周瑜、程普等水军数万，与先主并力，与曹公战于赤壁，大破之，焚其舟船。先主与吴军水陆并进，追到南郡③。时又疾疫，北军多死，曹公引归。

先主表琦为荆州刺史，又南征四郡。武陵太守金旋、长沙太守韩玄、桂阳太守赵范、零陵太守刘度皆降④。庐江雷绪率部曲数万口稽颡⑤。琦病死，群下推先主为荆州牧，治公安⑥。权稍畏之，进妹固好。先主至京见权⑦，绸缪恩纪。权遣使云欲共取蜀，或以为宜报听许，吴终不能越荆有蜀，蜀地可为己有。荆州主簿殷观进曰："若为吴先驱，进未能克蜀，退为吴所乘，即事去矣。今但可然赞其伐蜀，而自说新据诸郡，未可兴动，吴必不敢越我而独取蜀。如此进退之计，可以收吴、蜀之利。"先主从之，权果辍计。迁观为别驾从事。

【注释】

① 长坂：地名，在今湖北当阳东北。② 汉津：汉水的一个渡口，在今湖北荆门东。③ 南郡：治江陵，即今湖北江陵。④ 武陵：郡名，治临沅县，在今湖南常德市西。长沙：郡名，治临湘县，即今湖南长沙市。桂阳：郡名，治郴县，即今湖南郴州。零陵：郡名，治泉陵县，即今湖南零陵。⑤ 稽颡(qǐ sǎng)：以额触地，今称磕头，古代丧礼之一，这里表投降、归顺。⑥ 公安：地名，在今湖北公安县东北。⑦ 京：京城，一称京口，即今江苏镇江市。

十六年，益州牧刘璋遥闻曹公将遣钟繇等向汉中讨张鲁，内怀恐惧。别驾从事蜀郡张松说璋曰："曹公兵强，无敌于天下，若因张鲁之资以取蜀土，谁能御之者乎？"璋曰："吾固忧之，而未有计。"松曰："刘豫州，使君之宗室，而曹公之深仇也，善用兵。若使之讨鲁，鲁必破；鲁破，则益州强，曹公虽来，无能为也。"璋然之，遣法正将四千人迎先主，前后赂遗以巨亿计。正因陈益州可取之策。先主留诸葛亮、关羽等据荆州，将步卒数万人入益州。至涪①，璋自出迎，相见甚欢。张松令法正白先主，及谋臣庞统进说，便可于会所袭璋。先主曰："此大事也，不可仓卒。"璋推先主行大司马②，领司隶校尉③；先主亦推璋行镇西大将军④，领益州牧。璋增先主兵，使击张鲁，又令督白水军⑤。先主并军三万余人，车甲器械资货甚盛。是岁，璋还成都。先主北到葭萌⑥，未即讨鲁，厚树恩德，以收众心。

【注释】

① 涪：县名，即今四川绵阳市。② 行：代理。大司马：官名，位在三公上。③ 司隶校尉：官名。汉武帝分全国为十三州部，京师附近诸郡称司隶校尉部，设司隶校尉，掌纠察京师百官及部内诸郡。刘备领此职只是空衔。④ 镇西大将军：位次三公。⑤ 白水：关名，在今四川青川县东白水镇，为当时军事要地。⑥ 葭（jiā）萌：县名，在今广元昭化。

明年，曹公征孙权，权呼先主自救。先主遣使告璋曰："曹公征吴，吴忧危急，孙氏与孤，本为唇齿。又乐进在青泥与关羽相拒①，今不往救羽，进必大克，转侵州界，其忧有甚于鲁。鲁自守之贼，不足虑也。"乃从璋求万兵及资（宝）［实］，欲以东行。璋但许兵四千，其余皆给半。张松书与先主及法正曰："今大事垂可立，如何释此去乎！"松兄广汉太守肃惧祸逮己，白璋发其谋。于是璋收斩松，嫌隙始构矣。璋敕关戍诸将文书勿复关通先主。先主大怒，召璋白水军督杨怀，责以无礼，斩之。乃使黄忠、卓膺勒兵向璋。先主径至关中，质诸将并士卒妻子，引兵与忠、膺等进到涪，据其城。璋遣刘璝、冷苞、张任、邓贤等拒先主于涪，皆破败，退保绵竹②。璋复遣李严督绵竹诸军，严率众降先主。先主军益强，分遣诸将平下属县。诸葛亮、张飞、赵云等将兵溯流定白帝、江州、江阳③，惟关羽留镇荆州。先主进军围雒[4]。时璋子循守城，被攻且一年。

【注释】

① 乐进：曹操将，为折冲将军。青泥：地名，在今湖北襄阳市西北三十里。② 绵竹：县名，在今四川德阳市北。③ 白帝：即今奉节县东白帝城。江州：县名，在今重庆市。江阳：县名，即今泸州市。④ 雒（luò）：县名，在今广汉北，为广汉郡治所。

十九年夏，雒城破，进围成都数十日，璋出降。蜀中殷盛丰乐，先主置酒大飨士卒，取蜀城中金银分赐将士，还其谷帛。先主复领益州牧，诸葛亮为股肱，法正为谋主，关羽、张飞、马超为爪牙，许靖、糜竺、简雍为宾友。及董和、黄权、李严等本璋之所授用也，吴壹、费观等又璋之婚亲也，彭羕又璋之所排摈也，刘巴者宿昔之所忌恨也[1]，皆处之显任，尽其器能，有志之士无不竞劝。

二十年，孙权以先主已得益州，使使报欲得荆州。先主言："须得凉州，当以荆州相与。"权忿之，乃遣吕蒙袭夺长沙、零陵、桂阳三郡。先主引兵五万下公安，令关羽入益阳[2]。是岁，曹公定汉中，张鲁遁走巴西[3]。先主闻之，与权连和，分荆州：江夏、长沙、桂阳东属，南郡、零陵、武陵西属。引军还江州。遣黄权将兵迎张鲁，张鲁已降曹公。曹公使夏侯渊、张郃屯汉中，数数犯暴巴界。先主令张飞进兵宕渠[4]，与郃等战

于瓦口[5]，破郃等，［郃］收兵还南郑。先主亦还成都。

【注释】

① 刘巴：荆州人。曹操南征荆州，刘巴不随从刘备，而北投曹操，曹操派他到长沙等郡招降。后来刘备占有长沙等郡，刘巴又远赴交趾，复从交趾至蜀，故为刘备所恨。② 益阳：县名，在今湖南益阳市东。③ 巴西：郡名，治阆中县，即今四川阆中。④ 宕渠：县名，在今四川渠县东北。⑤ 瓦口：地名，在今渠县东。

二十三年，先主率诸将进兵汉中。分遣将军吴兰、雷铜等入武都，皆为曹公军所没。先主次于阳平关，与渊、郃等相拒。

二十四年春，自阳平南渡沔水[1]，缘山稍前，于定军山势作营[2]。渊将兵来争其地。先主命黄忠乘高鼓噪攻之，大破渊军，斩渊及曹公所署益州刺史赵颙等。曹公自长安举众南征。先主遥策之曰："曹公虽来，无能为也，我必有汉川矣。"及曹公至，先主敛众拒险，终不交锋，积月不拔，亡者日多。夏，曹公果引军还，先主遂有汉中。遣刘封、孟达、李平等攻申耽于上庸[3]。

【注释】

① 沔水：即汉水。② 定军山：在今陕西省勉县东南。势：古代川东、汉中一带称险要之山为势。③ 申耽：曹操所

署上庸都尉。

秋，群下上先主为汉中王，表于汉帝曰：

平西将军、都亭侯臣马超，左将军（领）长史、[领]镇军将军臣许靖，营司马臣庞羲，议曹从事中郎、军议中郎将臣射援，军师将军臣诸葛亮，荡寇将军、汉寿亭侯臣关羽，征虏将军、新亭侯臣张飞，征西将军臣黄忠，镇远将军臣赖恭，扬武将军臣法正，兴业将军臣李严等一百二十人上言曰：

昔唐尧至圣而四凶在朝①，周成仁贤而四国作难②，高后称制而诸吕窃命③，孝昭幼冲而上官逆谋④，皆冯世宠⑤，藉履国权，穷凶极乱，社稷几危。非大舜、周公、朱虚、博陆，则不能流放禽讨，安危定倾。伏惟陛下诞姿圣德，统理万邦，而遭厄运不造之艰。董卓首难，荡覆京畿；曹操阶祸，窃执天衡。皇后、太子，鸩杀见害，剥乱天下，残毁民物，久令陛下蒙尘忧厄，幽处虚邑。人神无主，遏绝王命，厌昧皇极，欲盗神器。左将军、领司隶校尉、豫荆益三州牧、宜城亭侯备，受朝爵秩，念在输力，以殉国难。睹其机兆，赫然愤发，与车骑将军董承同谋诛操，将安国家，克宁旧都。会承机事不密，令操游魂得遂长恶，残泯海内。臣等每惧王室大有阎乐之祸⑥，小有定安之变⑦，夙夜惴惴，战慄累息。

【注释】

① 四凶：传说是尧时的四个凶族，即浑敦、穷奇、梼杌、饕餮，后来被舜流放。② 四国：指管叔、蔡叔、霍叔、殷武庚。周成王年少即位，周公辅政，管叔等起来叛乱，周公东征灭之。③ 高后：汉高祖皇后吕氏，汉惠帝之母。称制：行使皇帝权力。惠帝死后，吕后临朝称制，任用吕家的人掌权。吕后死，诸吕图谋作乱。后为太尉周勃、朱虚侯刘章等所灭。④ 孝昭：汉昭帝。上官：上官桀。昭帝即位年幼，上官桀与博陆侯霍光辅政。上官桀等阴谋杀霍光、废昭帝。事发被诛。⑤ 冯：同“凭”。⑥ 指秦末权臣赵高使阎乐杀死秦二世。⑦ 西汉末，王莽立汉广戚侯的儿子刘婴为皇太子，号“孺子”，后王莽称帝，废孺子为定安公。

昔在《虞书》，敦序九族①。周监二代，封建同姓，《诗》著其义②，历载长久。汉兴之初，割裂疆土，尊王子弟，是以卒折诸吕之难，而成太宗之基③。臣等以备肺腑枝叶④，宗子藩翰，心存国家，念在弭乱。自操破于汉中，海内英雄望风蚁附，而爵号不显，九锡未加，非所以镇卫社稷，光昭万世也。奉辞在外，礼命断绝。昔河西太守梁统等值汉中兴⑤，限于山河，位同权均，不能相率，咸推窦融以为元帅，卒立效绩，摧破隗嚣。今社稷之难，急于陇蜀⑥。操外吞天下，内残群寮，朝廷有萧墙之危⑦，而御侮未建，可为寒心。臣等辄依旧典，封备汉中王，拜大司马，董齐六军，纠合同盟，扫灭凶逆。以汉中、巴、蜀、广汉、犍为为国⑧，所署置依汉初诸侯王故典。夫权宜之制，苟利社稷，专之可也。然后功成事立，臣等退伏矫罪，虽死无恨。

遂于沔阳设坛场⑨，陈兵列众，群臣陪位，读奏讫，御王冠于先主。

……于是还治成都。拔魏延为都督⑩，镇汉中。时关羽攻曹公将曹仁，禽于禁于樊。俄而孙权袭杀羽，取荆州。

【注释】

①《尚书·虞书·皋陶谟》:“敦序九族，庶明励翼。”九族:从高祖到玄孙九辈的同族人。②《诗经·大雅·板》篇中说:“宗子维城，无俾城坏，无独斯畏。”意即要以同姓作为屏藩，以免孤立。③ 太宗:汉文帝庙号。④ 肺腑:同“肺附”，肺、附本义为木皮，用以比喻皇帝的宗室。⑤ 河西:指甘肃河西走廊一带。东汉初年，河西五郡与内地隔绝，酒泉太守梁统等推张掖属国都尉窦融为大将军，通使于汉光武，共破割据陇西的军阀隗嚣。⑥ 陇:指隗嚣。蜀:指当时割据益州的公孙述。⑦ 萧墙:门屏。萧墙之危，指内部的危险，即曹操篡位的危险。⑧ 犍(qián)为:郡名，治武阳县，在今四川彭山县西北。⑨ 沔阳:县名，在今陕西勉县东。⑩ 都督:方面军的统帅。

二十五年[①]，魏文帝称尊号，改年曰黄初。或传闻汉帝见害，先主乃发丧制服，追谥曰孝愍皇帝[②]，是后（在所）［所在］并言众瑞，日月相属。……太傅许靖、安汉将军麋竺、军师将军诸葛亮、太常赖恭、光禄勋（黄权）［黄柱］、少府王谋等上言："曹丕篡弑，湮灭汉室，窃据神器，劫迫忠良，酷烈无道，人鬼忿毒，咸思刘氏。今上无天子，海内惶惶，靡所式仰。……伏惟大王出自孝景皇帝，中山靖王之胄，本支百世，乾祇降祚[③]，圣姿硕茂，神武在躬，仁覆积德，爱人好士，是以四方归心焉。考省灵图[④]，启发谶纬[⑤]，神明之表，名讳昭著[⑥]。宜即帝位，以纂二祖[⑦]，绍嗣昭穆[⑧]，天下幸甚。臣等谨与博士许慈、议郎孟光，建立礼仪，择令辰，上尊号。"即皇帝位于成都武担之南[⑨]。……

【注释】

① 建安二十五年，即公元 220 年。② 实际上曹丕称帝后，废汉帝为山阳公。山阳公于魏明帝青龙二年（234）死，魏谥为献皇帝。③ 乾祇（qí）：天地神灵。乾指天，祇指地神。④ 灵图：宗教迷信者造作的所谓象征"天意"的神秘图画，如"河图"之类。⑤ 谶（chèn）纬：谶是暗示未来的宗教隐语或预言；纬是用这类隐语或预言来解释儒家经典的书，纬对经而言。⑥ 名讳昭著：指谶纬书中有"天度地道备称皇"等预言。⑦ 二祖：西汉高祖和东汉世祖光武帝。⑧ 昭穆：古代宗法制度下，宗庙次序是始祖庙居中，以下按辈份分别排列于左右，左为昭，右为穆。⑨ 武担：武担山，为成都城西北的一座土丘。

章武元年夏四月①，大赦，改年。以诸葛亮为丞相，许靖为司徒。置百官，立宗庙，祫祭高皇帝以下②。五月，立皇后吴氏，子禅为皇太子。六月，以子永为鲁王，理为梁王。车骑将军张飞为其左右所害。

初，先主忿孙权之袭关羽，将东征，秋七月，遂帅诸军伐吴。孙权遣书请和，先主盛怒不许。吴将陆议、李异、刘阿等屯巫、秭归③。将军吴班、冯习自巫攻破异等，军次秭归。武陵五溪蛮夷遣使请兵④。

二年春正月，先主军（还）秭归⑤，将军吴班、陈式水军屯夷陵⑥，夹江东西岸。二月，先主自秭归率诸将进军，缘山截岭，于夷道猇亭驻营⑦。自佷山通武陵⑧，遣侍中马良安慰五溪蛮夷，咸相率响应。镇北将军黄权督江北诸军，与吴军相拒于夷陵道。夏六月，黄气见，自秭归十余里中，广数十丈。后十余日，陆议大破先主军于猇亭，将军冯习、张南等皆没。先主自猇亭还秭归，收合离散兵，遂弃船舫，由步道还鱼复⑨，改鱼复县曰永安。吴遣将军李异、刘阿等踵蹑先主军，屯驻南山。秋八月，收兵还巫。司徒许靖卒。冬十月，诏丞相亮营南北郊于成都⑩。孙权闻先主住白帝，甚惧，遣使请和。先主许之，遣太中大夫宗玮报命。冬十二月，汉嘉太守黄元闻先主疾不豫⑪，举兵拒守。

【注释】

① 章武元年：公元221年。② 祫（xiá）祭：在太庙中合祭先祖。③ 陆议：即陆逊，详本书所选《陆逊传》。巫：县名，在今重庆巫山县。秭归：县名，即今湖北秭归。④ 五

溪:湖南沅水支流有雄溪、樠(mán)溪、辰溪、酉溪、舞溪,总称五溪。⑤《华阳国志》无"还"字,是。⑥ 夷陵:县名,在今湖北宜昌市东南。⑦ 夷道:县名,在今湖北宜都西北。猇(xiāo)亭:在今宜都北。⑧ 佷(héng)山:县名,在今湖北长阳县西。⑨ 鱼复:县名,在今重庆奉节县东。⑩ 南北郊:祭天地的场地。古代帝王于冬至日祭天于圜丘,在京城南郊;夏至日祭地于方泽,在京城北郊。⑪ 汉嘉:郡名,治汉嘉县,在今四川芦山县。

三年春二月,丞相亮自成都到永安。三月,黄元进兵攻临邛县[①]。遣将军陈曶讨元,元军败,顺流下江,为其亲兵所缚,生致成都斩之。先主病笃,托孤于丞相亮,尚书令李严为副。夏四月癸巳[②],先主殂于永安宫,时年六十三。

亮上言于后主曰:"伏惟大行皇帝迈仁树德[③],覆焘无疆。昊天不吊,寝疾弥留,今月二十四日奄忽升遐,臣妾号咷,若丧考妣。乃顾遗诏,事惟太宗,动容损益。百寮发哀,满三日除服,到葬期复如礼;其郡国太守、相、都尉、县令长,三日便除服。臣亮亲受敕戒,震畏神灵,不敢有违。臣请宣下奉行。"五月,梓宫自永安还成都[④],谥曰昭烈皇帝。秋八月,葬惠陵[⑤]。

评曰:先主之弘毅宽厚,知人待士,盖有高祖之风,英雄之器焉。及其举国托孤于诸葛亮,而心神无贰,诚君臣之至公,古今之盛轨也。机权干略,不逮魏武,是以基宇亦狭。然折而不挠,终不为下者,抑揆彼之量必不容己,非惟竞利,且以避害云尔。

【注释】

① 临邛县：在今四川邛崃。② 癸巳：应作“辛巳”。③ 大行皇帝：新去世的皇帝。一去不返，故称“大行”。迈：通“励”，勉力。④ 梓宫：皇帝的灵柩。⑤ 惠陵：在今成都南郊武侯祠旁。

【翻译】

先主姓刘，名备，字玄德，涿郡涿县人，是汉景帝的儿子中山靖王刘胜的后代。刘胜子刘贞，汉武帝元狩六年封涿县陆城亭侯，由于献金助祭不合规格而被取消侯爵，因此在涿县住了家。先主的祖父刘雄、父亲刘弘，世代在州郡做官。刘雄被举荐为孝廉，官至东郡范县县令。

先主少年时父亲去世，与母亲卖草鞋织席为业。他家东南角篱笆上生了株桑树，高五丈余，远远望去，枝叶覆地有如小车盖，往来人都为这株树的非凡而感到奇怪，有的说树下要出贵人。先主小时候，与本族的小孩们在树下游戏，说：“我必定会乘坐这个羽葆盖的车子。”叔父子敬告诉他：“你别乱说，要灭我们满门的！”到十五岁，母亲叫他出外求学，与本族刘德然和辽西公孙瓒都拜原九江太守、同郡人卢植为师。德然父元起常资助先主，与德然同等对待。元起的妻子说：“各是一家，怎么能经常如此呢？”元起说：“我们宗族中的这个孩子，是个非凡的人物。”公孙瓒与先主是交情很深的好友，瓒年长，先主把他当成兄长。先主不大爱读书，而喜欢玩狗马、音乐，穿漂亮衣服。身长七尺五寸，垂手过膝，眼睛向后看能看见自己的耳朵。少言语，善于谦虚待人，喜怒不形于色。爱交结豪侠，年青人都争着归附他。中山国大商人张世平、苏双等有成千斤黄金的资产，因卖马来往于涿郡，见了先主就非常看重，便给了他不少金钱财物。先主因此得以纠合人众。

汉灵帝末年，黄巾起事，各州郡都自行发起义兵。先主率领他的部属跟随校尉邹靖讨伐黄巾军有功，被任为安喜县尉。郡督邮因公事到县，先主求见，手下人竟不给通报，先主径直进去绑了督邮，打二百杖，解下县尉印带系在他颈上，然后把他绑在拴马桩上，弃官逃亡。不久，大将军何进派遣都尉毌丘毅到丹杨郡募兵，先主同他一起去，到下邳碰上黄巾，力战有功，被任命为下密县丞。再次弃官。后来作高唐尉，又升任该县县令。县城被黄巾攻破，前去投奔中郎将公孙瓒，公孙瓒上表任为别部司马，派他与青州刺史田楷去抵御冀州牧袁绍。多次有战功，试用为平原县令，后兼任平原国相。平原郡民刘平素来看不起先主，以属他所管为耻，便派刺客去暗杀他。刺客却不忍心刺杀，告诉了他就走了。他就是这样得人心。

袁绍进攻公孙瓒，先主与田楷往东驻军于齐。曹公征徐州，徐州牧陶谦遣使告急于田楷，田楷与先主都去援救他。当时先主自己有兵千余人，加上幽州来的乌丸、杂胡骑兵，又掳掠到饥民几千人当兵。到徐州后，陶谦以丹杨兵四千补充先主军，先主因此离开田楷归陶谦。陶谦上表任先主为豫州刺史，屯军小沛。陶谦病危，对徐州别驾麋竺说："除了刘备，没人能安定这个州。"陶谦死后，麋竺率领州人迎接先主，先主不敢当。下邳陈登对先主说："目今汉朝衰微，天下大乱，建功立业，就在今日。鄙州财物丰富，户口百万，想要委屈使君治理州事。"先主说："袁术近在寿春，他家四代人出了五个三公，天下归附，您可以把徐州交给他。"陈登说:"袁术骄横,不是治理乱世的帅才。我现在想要为使君集合十万兵马,上可以扶佐主上,救济百姓,完成春秋五霸的事业;下可以割地守境,功勋书于史册。假使您不应允,我也不敢听您的。"北海相孔融对先主说:"袁术哪是忧国忘家的人呢!四世五公早已是坟墓中的枯骨,哪里值得放在心上!今天的现实是,谁有才能百姓就拥戴谁。上天给你你不要,后悔莫及。"于是先主兼任徐州刺史。袁术来攻先主,先主在盱眙、淮阴一带进行抵御。曹公上表任命先主为镇东将军,封宜城亭侯。这是建安元年的事。

先主与袁术相持了一个多月,吕布乘虚袭击下邳。下邳守将曹豹反叛,乘机迎接吕布。吕布掳获先主的妻儿,先主移军海西县。杨奉、韩暹侵掠徐州、扬州之间,先主拦击,杀了二人。先主向吕布求和,吕布归还了他的妻儿。先主派关羽守下邳。

先主回到小沛,又集合兵卒,得万余人。吕布忌恨,亲自出兵攻先主,先主败走,归附曹公。曹公厚待他,让他做豫州牧。他将要到沛收集散兵,曹公给他军粮,并增拨士兵,使他东击吕布。吕布派高顺来攻,曹公派夏侯惇前往援救,没能救成,被高顺打败,高顺又俘虏先主的妻儿送给吕布。曹公亲自出马东征,帮助先主围吕布于下邳,活捉吕布。先主重新得到妻儿,随曹公回许。曹公上表任先主为左将军,更加隆重地以礼对待他,出则同车,坐则同席。这时,袁术想要经过徐州北上到袁绍那里去,曹公派先主督率朱灵、路招截击袁术,但还没到,袁术就病死了。

先主还没有出征的时候,汉献帝的舅父车骑将军董承接受献帝藏在衣带中的密诏,要杀曹公。这时曹公从容地对先主说："当今天下的英雄，只有您和我罢了，袁绍之流算不得英雄。"先主正在吃饭，大吃一惊，汤匙筷子都掉在了地上。于是与董承及长水校尉种辑、将军吴子兰、王子服等同谋。正好被派去打袁术，还没有行动。事情被发觉，董承等都被处死。

先主占据下邳。朱灵等回来后，先主就杀了徐州刺史车胄，留关羽守下邳，自己回小沛。东海人昌霸反，很多郡县都背叛曹公而倒向先主，先主的兵达到几万人，派孙乾与袁绍连和。曹公派刘岱、王忠去进攻先主，没能打胜。建安五年，曹公亲自东征先主，先主溃败。曹公接收了他的全部人马，俘虏了他的妻儿，并捉了关羽而回。

先主跑到青州，青州刺史袁谭是先主当豫州刺史时所举的茂才，带领步兵骑兵来迎接先主。先主随袁谭到平原，袁谭派人骑快马报告袁绍，袁绍派遣部将在路上迎接，并亲自走出邺城二百里与先主相见。住了一个多月，所失散的士卒逐渐来集中。曹公与袁绍在官渡相持，汝南黄巾刘辟等反叛曹公响应袁绍。袁绍派先主带兵与刘辟等攻扰许县附近。关羽逃回先主那里。曹公派曹仁领兵打先主。先主把军队归还袁绍，暗中想离开袁绍，因此劝说袁绍南连荆州牧刘表。袁绍派先主带领本身的兵再到汝南，与贼龚都等会合，有几千人马。曹公派蔡阳去攻打，被先主杀死。

曹公既破袁绍，亲自南击先主。先主派麋竺、孙乾前往荆州告知刘表想去投奔他，刘表亲自出城迎接，以上宾礼对待他，给他增加士兵，使他屯驻新野。荆州豪杰归附先主的一天比一天多，刘表怀疑他有二心，暗中防备他。后来叫他到博望抵御夏侯惇、于禁。过了一些时候，先主布置伏兵，忽然自己烧了军营假装逃跑，夏侯惇等率军追赶，被伏兵打败。

建安十二年，曹公北征乌丸，先主劝刘表袭击许，刘表不听。次年曹公南征刘表，适逢刘表病死，他的儿子刘琮继任荆州牧，派遣使者请求投降。当时先主驻扎在樊城，不知道曹公突然来到，到了宛才听说，就带了他的人马离去。过襄阳时，诸葛亮劝先主攻打刘琮，就可以占有荆州。先主说："我不忍心。"于是停下马呼唤刘琮，刘琮害怕得站不起来。刘琮左右的人和荆州人很多归附先主。待到当阳县，有十几万人，运物资的车几千辆，每天只能走十几里。另外派关羽乘船数百艘，叫他到江陵会合。有人对先主说："应该赶快走，以便守住江陵。现在虽然拥有大批人众，而甲士很少，如果曹公兵来了，怎么抵敌？"先主说："要成就大事必须以人为本，现在人们归附我，我怎么忍心抛弃他们而走呢！"

曹公因为江陵有军用物资，恐怕被先主占据，因此丢下辎重，轻军到襄阳。听说先主已经过去，曹公率领精锐骑兵五千急速追赶，一日一夜跑了三百多里，到当阳的长坂终于赶上。先主抛弃妻儿，与诸葛亮、张飞、赵云等几十骑逃跑，曹公缴获了他的大批人众物资。先主斜穿到汉津，正好与关羽的船相会，得以渡过汉水；又遇上刘表长子江夏太守刘琦的部队万余人，一起到了夏口。先主派诸葛亮同孙权结好，孙权派周瑜、程普等水军数万人，与先主并力，同曹公战于赤壁，大破曹公军，焚毁了他的舟船。先主与吴军水陆并进，追到江陵。当时又遇上瘟疫，北军死亡很多，曹公就退回北方了。

先主上表任刘琦为荆州刺史，又南征四郡。武陵太守金旋、长沙太守韩玄、桂阳太守赵范、零陵太守刘度全都投降，庐江雷绪也率领部曲数万口归顺。刘琦病死，部下推举先主作荆州牧，州署设在公安。孙权逐渐感到畏惧，遂将他的妹妹嫁给先主以巩固友好的关系。先主到京口会见孙权，表示亲密友爱。后来孙权遣使说想要共同夺取巴蜀。有人认为应当答复表示同意，因为孙吴总不能越过荆州占有巴蜀，而蜀地可以为我所有。荆州主簿殷观献计说："如果我们替吴人打先锋，前进不能攻下蜀，后退又被吴乘机袭击，那么大事就完了。目前只能表示赞成他去伐蜀，但又说我们自己刚刚占据几个郡，还不能兴兵，吴必定不敢越过我们而单独取蜀。按照这个可进可退的计策，可以取得吴、蜀两方面的好处。"先主听从了他的建议，孙权果然取消了原来的打算，先主提升殷观做别驾从事。

建安十六年，益州牧刘璋远远听说曹公将要派钟繇等到汉中讨伐张鲁，心中恐惧。别驾从事蜀郡人张松对刘璋说："曹公兵力强盛，无敌于天下，如若利用张鲁的人力物力以夺取蜀地，谁能抵挡？"刘璋说："我本来就担忧这一点，但还没有计策。"张松说："刘豫州是您的同宗，又是曹公有深仇的敌人，善于用兵。如果让他去讨伐张鲁，张鲁必定被打垮；打垮了张鲁，则益州强大，曹公即使来，也无能为力了。"刘璋很赞成，便派法正率四千人到荆州迎接先主，前后赠送的财物数以亿计。法正乘机向先主陈述益州可以夺取的计策。先主留下诸葛亮、关羽等据守荆州，率步兵几万人入益州。到了涪县，刘璋亲自出迎，二人相见很高兴。张松叫法正告诉先主，同时谋臣庞统也献计，都劝先主乘机在宴会上袭击刘璋。先主说："这是大事，不可匆忙。"刘璋推举先主代理大司马，兼司隶校尉；先主也推举刘璋代理镇西大将军，兼益州牧。刘璋增加先主的兵力，使他打张鲁，又叫他督率白水的驻军。先主共有军队三万余人，车辆、铠甲、器械等各种物资钱财很充足。这一年，刘璋回成都。先主北到葭萌，并没有立即讨张鲁，而是大施恩德，以争取人心。

第二年，曹公征孙权，孙权呼吁先主援救自己。先主遣使告诉刘璋说："曹公征吴，吴主忧虑情况危急，孙氏和我，本是唇齿相依。况且乐进在青泥与关羽相抗拒，现在不前往救关羽，乐进必定大胜，转而侵扰益州地界，这个后患超过张鲁。张鲁是个割地自守的敌人，不值得忧虑。"于是向刘璋要求给予一万兵和军用物资，准备东行。刘璋只答应给兵四千，其余都给一半。张松写信给先主和法正说："现在大事很快可以成功，怎么舍此而去呢？"张松的哥哥广汉太守张肃害怕祸事连累自己，报告刘璋揭发了张松的密谋。于是刘璋逮捕并处死张松，二人的怨恨和裂痕开始形成了。刘璋命令各关守将，来往文书不再通报先主。先主大怒，把刘璋的白水军督杨怀叫来，指责他无礼，将他杀掉。进而使黄忠、卓膺统兵攻刘璋。先主径自到白水关中，拘禁诸将和士兵们的妻子儿女作为人质，然后领兵与黄忠、卓膺等进兵到涪县，占领了县城。刘璋派刘璝、冷苞、张任、邓贤等到涪县抵御先主，都被打败，退保绵竹。刘璋又派李严督绵竹诸军，李严率部投降先主。先主军更强，分别派遣诸将攻下属县，又叫诸葛亮、张飞、赵云等率兵从荆州溯江而上，平定白帝、江州、江阳，只有关羽留镇荆州。先主进军包围雒县，当时刘璋的儿子刘循守城，被攻将近一年。

建安十九年夏天，雒城被攻破，进围成都几十天，刘璋出城投降。蜀中人口众多，财物丰盛，生活快乐。先主摆设酒宴，大大犒劳士卒；取蜀地各城中的金银分赐将士，而把粮食绢帛还给蜀人。先主又兼任益州牧，以诸葛亮为臂膀，法正为谋主，关羽、张飞、马超为战将，许靖、麋竺、简雍为宾客朋友。其他如董和、黄权、李严等本是刘璋使用的人，吴壹、费观等是刘璋的姻亲，彭羕是刘璋所排斥的人，刘巴则是自己过去所忌恨的人，先主都把他们安置在显耀的职位上，充分发挥他们的才能。这样一来，有志之士无不争相劝勉。

二十年，孙权因为先主已得益州，派遣使者告诉先主要索还荆州。先主说："等我得了凉州，便会以荆州还给你。"孙权很气愤，便派吕蒙袭夺长沙、零陵、桂阳三郡。先主领兵五万下驻公安，命关羽入益阳。这一年，曹公平定汉中，张鲁逃跑到巴西。先主听说后，与孙权连和，划分荆州：江夏、长沙、桂阳三郡属吴，南郡、零陵、武陵三郡属蜀。然后领军回江州。派遣黄权带兵迎接张鲁，而张鲁已投降曹公。曹公使夏侯渊、张郃屯兵汉中，屡屡侵掠巴西郡界。先主令张飞进兵宕渠，与张郃等战于瓦口，打败张郃等，张郃收兵回南郑。先主也回到成都。

二十三年，先主率领诸将进兵汉中。另派将军吴兰、雷铜等入武都，结果都被曹公军消灭。先主进驻阳平关，与夏侯渊、张郃等相对抗。

二十四年春，从阳平南渡沔水，沿山逐渐推进，于定军山险要之地作营。夏侯渊带兵来争夺这个地方。先主命令黄忠登高擂鼓呐喊，发动进攻，大破夏侯渊军，杀死夏侯渊和曹公所任命的益州刺史赵颙等。曹公从长安率大军南征。先主老远就预料说："曹公即使来，也无能为力，我必定占有汉中了。”等曹公来到，先主收缩军队凭险拒守，始终不交锋，持续一两个月都不能攻下，曹军士卒逃跑的一天比一天多。到了夏天，曹公果然领军返回，先主于是占有汉中。后来又派刘封、孟达、李平等到上庸进攻申耽。

这年秋季，众文武属官推戴先主为汉中王，上表给汉献帝说：

平西将军、都亭侯臣马超，左将军长史、领镇军将军臣许靖，营司马臣庞羲，议曹从事中郎、军议中郎将臣射援，军师将军臣诸葛亮，荡寇将军、汉寿亭侯臣关羽，征虏将军、新亭侯臣张飞，征西将军臣黄忠，镇远将军臣赖恭，扬武将军臣法正，兴业将军臣李严等一百二十人上表：

从前唐尧是大圣人，而朝廷有四凶；周成王是仁贤的君主，而管、蔡等起来作乱；高后临朝称制，而诸吕窃取朝政；昭帝年幼，而上官桀等图谋叛逆。这些都是凭借世代的恩宠，从而执掌国家大权，穷凶极恶，使社稷濒于危亡。要是没有大舜、周公、刘章、霍光等人，就不能将他们流放、擒拿、讨灭，使国家转危为安。陛下以伟大的姿质、圣明的德性，统理万国，而遭遇艰难困顿的厄运。董卓首先作乱，倾覆京师；曹操继而为祸，窃取朝权。皇后、太子，惨遭鸩杀；天下扰乱，民生残破。致使陛下长期流离失所，饱经忧患，被幽禁在空城之中。人神无主，王命阻绝，朝政昏暗，帝位将被篡夺。左将军、领司隶校尉、豫荆益三州牧、宜城亭侯刘备，接受朝廷爵禄，决心竭尽全力，为解除国难而献身。目睹奸臣篡位的征兆，赫然发愤，与车骑将军董承共谋诛除曹操，以便安定国家，恢复旧都。不幸董承机密泄露，使曹操得以继续作恶，残灭天下。臣等常恐王室大则有阎乐杀二世的祸患，小则有王莽废孺子的事变，昼夜惴惴不安，惊恐危惧。

从前《虞书》中说，要以宽厚的态度使同族的人各得其所。周朝以夏、商两代为借鉴，分封同姓，《诗经》说明了以同姓作为屏藩的意义，故而周朝历年长久。汉朝建立之初，分割疆土，封子弟为诸侯王，因此终于挫败诸吕的祸乱，形成文帝的基业。臣等认为刘备出身皇族，乃王室的屏藩，一心想着国家，意在平定祸乱。自从他在汉中打败曹操，天下英雄望风归附；但他没有高贵的爵位名号，也未受到九锡的赐予，这就不利于守卫社稷，光照万世。臣等奉命在外，朝廷的恩礼诏命断绝。过去酒泉太守梁统等河西守臣，当汉朝中兴之时，由于道路阻隔，又彼此官位相同、权力相等，不能互相统率，于是共推窦融为元帅，终于建立功绩，击破隗嚣。现今国家的祸难，大于隗嚣、公孙述。曹操对外吞并天下，对内残害臣僚，朝廷有萧墙之祸，却未有抗御奸臣的人，令人寒心。因此臣等依照旧制，封刘备为汉中王，任命为大司马，整肃大军，纠合同盟，扫灭凶逆。以汉中、巴、蜀、广汉、犍为等郡作为封国，依照汉初诸侯王的旧制设置官属。虽然这仅是权宜的制度，但只要对国家有利，专断也是可以的。日后功成事立，臣等退而愿受假托圣旨之罪，死而无恨。

于是在沔阳设立行礼的坛场，陈列兵众，群臣陪位，读完奏书之后，把王冠戴在先主头上。

……于是回成都，以成都为王府所在地。提拔魏延为都督，镇守汉中。此时关羽进攻曹公的大将曹仁，在樊城俘虏于禁。但不久孙权袭击并杀死关羽，夺取了荆州。

建安二十五年，魏文帝称皇帝，改年号叫黄初。有人传说汉朝皇帝已被杀害，于是先主发布丧讯，制定丧服，追谥为孝愍皇帝。此后各地都出现了很多关于祥瑞的传说，每天每月连属不断。……太傅许靖、安汉将军麋竺、军师将军诸葛亮、太常赖恭、光禄勋黄柱、少府王谋等上表说："曹丕篡位弑君，颠覆汉朝，窃据帝位，迫害忠良，暴虐无道，人神痛恨，都怀念刘氏。现在上无天子，全国惶惶不安，无所仰赖。……臣等以为，大王出自孝景皇帝，是中山靖王的后裔，金枝玉叶，世世相承，天地降赐福祐，圣姿奇伟善美，雄武非凡，仁义覆于天下，恩德积于四海，爱贤好士，因此四方归仰。察看灵图，翻开谶纬，神明显示的种种征兆，明白写着您的名字。您应当称帝即位，以继承高祖、世祖，接续宗庙祭祀，这是天下人的大幸。臣等谨与博士许慈、议郎孟光，建立礼仪，选择吉日，奉上尊号。"于是先主即皇帝位于成都武担山之南。……

章武元年四月，大赦，改年号。任诸葛亮为丞相，许靖为司徒。设置百官，建立宗庙，祫祭汉高祖以下各代先祖。五月，立皇后吴氏，以儿子刘禅为皇太子。六月，封儿子刘永作鲁王，刘理作梁王。车骑将军张飞被他左右的人杀害。

起初，先主怨恨孙权袭击关羽，将要东征，七月，便率领各军伐吴。孙权派人送信请和，先主盛怒不许。吴将陆议、李异、刘阿等驻扎在巫县、秭归。汉将军吴班、冯习从巫县攻破李异等，军队进驻秭归。武陵郡五溪蛮夷遣使请求出兵。

章武二年正月，先主驻军于秭归，将军吴班、陈式的水军屯夷陵，夹大江东西两岸。二月，先主从秭归率领诸将进军，缘山跨岭，到夷道县的猇亭扎营。派侍中马良从佷山通武陵安抚五溪蛮夷，都相率响应。镇北将军黄权督率江北诸军，与吴军在夷陵一路相对抗。六月，有黄气出现在秭归一带十余里中，宽几十丈。过后十多天，陆议在猇亭大破先主军，将军冯习、张南等都败亡。先主从猇亭回秭归，收集离散的兵卒，丢弃舟船，由陆路回鱼复，将鱼复县改名为永安。吴派将军李异、刘阿等跟踪追击先主军，屯驻南山。八月，先主收兵回巫县。司徒许靖逝世。十月，下诏令丞相诸葛亮在成都营建祭祀天地的南、北郊祭坛。孙权听说先主住在白帝城，很害怕，派遣使者求和。先主应允，派太中大夫宗玮回报。十二月，汉嘉太守黄元听说先主病重，起兵抗拒朝廷，据守本郡。

章武三年二月，丞相诸葛亮从成都到永安。三月，黄元进兵攻临邛县。派将军陈曶讨伐黄元，黄元兵败，顺江而下，被他的亲兵捆绑，送到成都斩首。先主病危，托孤给丞相诸葛亮，尚书令李严为副。四月辛巳这一天，先主逝世于永安宫，享年六十三岁。

诸葛亮上书后主说："刚去世的先帝勉力修行仁德，覆育无疆。上天不善，使他久病不愈，于本月二十四日猝然逝世，臣民号啕，如丧考妣。根据他的遗诏，丧事按太宗孝文皇帝的规定办，施行中允许作适当增损。朝廷百官举哀号哭，满三天便除去丧服，到了葬期再举哀如礼；各郡国太守、相、都尉、县令或县长，三天便除去丧服。臣亲自接受先帝敕令告诫，畏惧神灵，不敢有违。臣请求宣告臣下，照此执行。"五月，灵柩从永安运回成都，谥为昭烈皇帝。八月，葬于惠陵。

评语：先主意志坚强，心地宽厚，知人善任，虚心待士，很有汉高祖的遗风、英雄的度量。当他把国家和遗孤托付给诸葛亮的时候，心志纯真，的确表现了君臣之间大公无私的关系，堪称古今的好榜样。他临机应变的才干谋略比不上魏武帝，因此基业和国土也狭小。但他百折不挠，始终不屈服于魏武，大概是估计魏武的气量必然容不下自己，这不仅是为了争利，而且是以此避害吧。

诸葛亮传

诸葛亮(181—234)是我国人民最熟悉、最敬仰的历史人物之一。《三国志》的作者陈寿怀着崇敬的心情，精心为他撰写了这篇传。这是全书中写得最精彩的一篇，其中记叙的“隆中对”一节和收录的《出师表》一文，更是传诵千古，脍炙人口。从本篇我们看到，诸葛亮的确是一个杰出的政治家。发表“隆中对”时，他只有二十七岁，但他对天下形势是那样了如指掌，分析得那样准确精辟。他敏锐地预见到了三国鼎立的局面，并正确地提出了刘备的战略行动计划和后来蜀汉内政外交总方针，充分显示了他过人的智慧和谋略。在治理蜀汉期间，他用人惟贤，实行法治，赏罚严明，用心公平，集思广益，知过必改，体现了卓越的才干和优良的作风。正因此，他把蜀汉治理得井井有条，团结安定，经济有所发展，国力大大增强，使三国中这个最弱小的国家能够同强大的曹魏相抗衡。诸葛亮还是一个杰出的军事家，尤其擅长于治军，就连他的对手司马懿也惊叹他是“天下奇才”。本篇在充分肯定诸葛亮的功绩的同时，也实事求是地写了他的失误和弱点，在篇末的评论中指出：“应变将略，非其所长。”这个看法是符合实际的，在这方面诸葛亮比之曹操，确是略逊一筹。他多次北伐没能取得很大成功，这也是一个原因，当然，更主要的是由于客观历史条件的限制。

诸葛亮字孔明，琅邪阳都人也①，汉司隶校尉诸葛丰后也②。父珪，字君贡，汉末为太山郡丞。亮早孤，从父玄为袁术所署豫章太守，玄将亮及亮弟均之官。会汉朝更选朱皓代玄，玄素与荆州牧刘表有旧，往依之。玄卒，亮躬耕陇亩，好为《梁父吟》③。身长八尺④，每自比于管仲、乐毅⑤，时人莫之许也，惟博陵崔州平、颍川徐庶元直与亮友善⑥，谓为信然。

【注释】

① 阳都：县名，在今山东沂南县南。② 诸葛丰：西汉人，《汉书》有传。③《梁父吟》：古乐府名。④ 汉代八尺，约等于今1.84米。⑤ 管仲：春秋时人，辅佐齐桓公建立霸业。乐毅：战国时人，辅佐燕昭王，曾统率燕、赵、韩、魏、楚五国联军伐齐，攻下齐国七十余城。⑥ 徐庶字元直。

时先主屯新野，徐庶见先主，先主器之，谓先主曰：

“诸葛孔明者，卧龙也①，将军岂愿见之乎？”先主曰：“君与俱来。”庶曰：“此人可就见，不可屈致也，将军宜枉驾顾之。”由是先主遂诣亮，凡三往，乃见。因屏人曰：“汉室倾颓，奸臣窃命，主上蒙尘。孤不度德量力，欲信大义于天下②，而智术浅短，遂用猖（獗）［蹶］，至于今日。然志犹未已，君谓计将安出？”亮答曰：“自董卓已来，豪杰并起，跨州连郡者不可胜数。曹操比于袁绍，则名微而将寡，然操遂能克绍，以弱为强者，非惟天时，抑亦人谋也。今操已拥百万之众，挟天子而令诸侯，此诚不可与争锋。孙权据有江东，已历三世，国险而民附，贤能为之用，此可以为援而不可图也。荆州北据汉沔③，利尽南海，东连吴会④，西通巴蜀，此用武之国，而其主不能守，此殆天所以资将军，将军岂有意乎？益州险塞，沃野千里，天府之土，高祖因之以成帝业。刘璋暗弱，张鲁在北，民殷国富而不知存恤，智能之士思得明君。将军既帝室之胄，信义著于四海，总揽英雄，思贤若渴。若跨有荆、益，保其岩阻，西和诸戎，南抚夷越，外结好孙权，内修政理；天下有变，则命一上将将荆州之军以向宛、洛，将军身率益州之众出于秦川⑤，百姓孰敢不箪食壶浆以迎将军者乎⑥！诚如是，则霸业可成，汉室可兴矣。”先主曰：“善！”于是与亮情好日密。关羽、张飞等不悦，先主解之曰：“孤之有孔明，犹鱼之有水也，愿诸君勿复言。”羽、飞乃止。

【注释】

① 卧龙：比喻隐居的俊杰。② 信：同“伸”。③ 汉沔：

汉水中段又称沔水，故合称汉沔。④ 吴会(guì)：吴郡、会稽郡。泛指今江浙一带。⑤ 秦川：关中平原。⑥ 箪：一种圆形竹篮。《孟子 · 梁惠王》："箪食(dān sì)壶浆，以迎王师。"

刘表长子琦亦深器亮。表受后妻之言，爱少子琮，不悦于琦。琦每欲与亮谋自安之术，亮辄拒塞，未与处画。琦乃将亮游观后园，共上高楼。饮宴之间，令人去梯，因谓亮曰："今日上不至天，下不至地，言出子口，入于吾耳，可以言未？"亮答曰："君不见申生在内而危，重耳在外而安乎①？"琦意感悟，阴规出计。会黄祖死②，得出，遂为江夏太守。俄而表卒，琮闻曹公来征，遣使请降。先主在樊闻之，率其众南行，亮与徐庶并从，为曹公所追破，获庶母。庶辞先主而指其心曰："本欲与将军共图王霸之业者，以此方寸之地也③。今已失老母，方寸乱矣，无益于事，请从此别。"遂诣曹公④。

【注释】

① 申生、重耳都是春秋时晋献公的儿子。申生为太子，被献公的宠妃骊姬所陷害。有人劝申生出逃，申生不肯，遂自杀。重耳听说后，流亡他国。后返国立为君，即晋文公。② 黄祖：刘表部下将军，任江夏太守。③ 方寸之地：指心。④ 徐庶后来在曹魏，官至右中郎将、御史中丞。

先主至于夏口①，亮曰："事急矣，请奉命求救于孙将军。"时权拥军在柴桑②，观望成败。亮说权曰："海内大乱，将军起兵据有江东，刘豫州亦收众汉南，与曹操并争天下。今操芟夷大难，略已平矣，遂破荆州，威震四海。英雄无所用武，故豫州遁逃至此。将军量力而处之：若能以吴越之众与中国抗衡，不如早与之绝；若不能当，何不案兵束甲，北面而事之？今将军外托服从之名，而内怀犹豫之计，事急而不断，祸至无日矣！"权曰："苟如君言，刘豫州何不遂事之乎？"亮曰："田横③，齐之壮士耳，犹守义不辱，况刘豫州王室之胄，英才盖世，众士慕仰，若水之归海，若事之不济，此乃天也，安能复为之下乎？"权勃然曰："吾不能举全吴之地，十万之众，受制于人。吾计决矣！非刘豫州莫可以当曹操者，然豫州新败之后，安能抗此难乎？"亮曰："豫州军虽败于长阪，今战士还者及关羽水军精甲万人，刘琦合江夏战士亦不下万人。曹操之众远来疲弊，闻追豫州，轻骑一日一夜行三百余里，此所谓'强弩之末，势不能穿鲁缟'者也④。故兵法忌之，曰'必蹶上将军'⑤。且北方之人，不习水战；又荆州之民附操者，逼兵势耳，非心服也。今将军诚能命猛将统兵数万，与豫州协规同力，破操军必矣。操军破，必北还，如此则荆、吴之势强，鼎足之形成矣。成败之机，在于今日。"权大悦，即遣周瑜、程普、鲁肃等水军三万，随亮诣先主，并力拒曹公。曹公败于赤壁，引军归邺。先主遂收江南，以亮为军师中郎将⑥，使督零陵、桂阳、长沙三郡，调其赋税，以充军实。

【注释】

① 夏口：今汉口。② 柴桑：县名，在今江西九江市西南。③ 田横：战国末年齐国的宗室，楚汉战争时，曾自立为齐王。汉朝建立后，田横率领徒属五百人逃入海岛中。汉高祖召他来投降，他不愿向刘邦北面称臣，遂在路上自杀，五百人也都自杀。④ 鲁缟：曲阜出产的素绢。⑤《孙子·军事篇》说："五十里而争利，则蹶上将军。"意即急速行军，日行五十里，则先头部队的将领容易被挫败。⑥ 军师中郎将：军官名。参与军谋，并有兵权。中郎将级别次于将军。

建安十六年，益州牧刘璋遣法正迎先主，使击张鲁，亮与关羽镇荆州。先主自葭萌还攻璋，亮与张飞、赵云等率众溯江，分定郡县，与先主共围成都。成都平，以亮为军师将军，署左将军府事①。先主外出，亮常镇守成都，足食足兵。

二十六年，群下劝先主称尊号，先主未许，亮说曰："昔吴汉、耿弇等初劝世祖即帝位②，世祖辞让，前后数四。耿纯进言曰③：'天下英雄喁喁④，冀有所望，如不从议者，士大夫各归求主，无为从公也。'世祖感纯言深至，遂然诺之。今曹氏篡汉，天下无主，大王刘氏苗族⑤，绍世而起，今即帝位，乃其宜也。士大夫随大王久勤苦者，亦欲望尺寸之功如纯言耳。"先主于是即帝位，策亮为丞相⑥，曰："朕遭家不造，奉承大统，兢兢业业，不敢康宁，思靖百姓，惧未能绥。於戏⑦！丞相亮，其悉朕意，无怠辅朕之阙，助宣重光，以照明天下。

君其勖哉！”亮以丞相录尚书事，假节[8]。张飞卒后，领司隶校尉。

【注释】

① 署：署理，即代行。左将军：即刘备。② 吴汉、耿弇(yǎn)：刘秀部下大将。世祖：即汉光武帝刘秀。③ 耿纯：也是刘秀的部将。④ 喁喁(yóng)：形容鱼口向上，露出水面的样子。用以比喻景仰归向。⑤ 苗：苗裔，后代。⑥ 策：策命。封建时代皇帝立皇后、太子，封王，任命重臣，把诏书写在简策上，称为策命。“策”也写作“册”。⑦ 於戏：与“呜呼”同。⑧ 录尚书事、假节：见本书《武帝纪》注。

章武三年春，先主于永安病笃，召亮于成都，属以后事，谓亮曰：“君才十倍曹丕，必能安国，终定大事。若嗣子可辅，辅之；如其不才，君可自取。”亮涕泣曰：“臣敢竭股肱之力，效忠贞之节，继之以死！”先主又为诏敕后主曰：“汝与丞相从事，事之如父。”

建兴元年[1]，封亮武乡侯[2]，开府治事。顷之，又领益州牧。政事无巨细，咸决于亮。南中诸郡并皆叛乱[3]，亮以新遭大丧，故未便加兵，且遣使聘吴，因结和亲，遂为与国。

三年春，亮率众南征，其秋悉平。军资所出，国以富饶。乃治戎讲武，以俟大举。

【注释】

① 建兴：后主即位后所改年号，建兴元年实即章武三

年，公元223年。② 武乡：县名，西汉属琅邪郡，东汉省，大概汉末复置。诸葛亮为琅邪人，故以本土遥封。③ 南中：当时称今云南、贵州及四川凉山彝族自治州一带为南中。

五年，率诸军北驻汉中。临发，上疏曰：

先帝创业未半而中道崩殂，今天下三分，益州疲弊，此诚危急存亡之秋也。然侍卫之臣不懈于内，忠志之士忘身于外者，盖追先帝之殊遇，欲报之于陛下也。诚宜开张圣（德）[听]，以光先帝遗德，恢弘志士之气，不宜妄自菲薄，引喻失义，以塞忠谏之路也。宫中府中，俱为一体，陟罚臧否，不宜异同。若有作奸犯科及为忠善者，宜付有司论其刑赏，以昭陛下平明之理，不宜偏私，使内外异法也。侍中、侍郎郭攸之、费祎、董允等①，此皆良实，志虑忠纯，是以先帝简拔以遗陛下。愚以为宫中之事，事无大小，悉以咨之，然后施行，必能裨补阙漏，有所广益。将军向宠，性行淑均，晓畅军事，试用于昔日，先帝称之曰能，是以众议举宠为督②。愚以为营中之事，悉以咨之，必能使行陈和睦，优劣得所。亲贤臣，远小人，此先汉所以兴隆也；亲小人，远贤臣，此后汉所以倾颓也。先帝在时，每与臣论此事，未尝不叹息痛恨于桓、灵也③。侍中、尚书、长史、参军④，此悉贞良死节之臣，愿陛下亲之信之，则汉室之隆，可计日而待也。

臣本布衣，躬耕于南阳，苟全性命于乱世，不求闻达于诸侯。先帝不以臣卑鄙，猥自枉屈，三顾臣于草庐之中，咨臣以当世之事，由是感激，遂许先帝以驱驰。后值倾覆，受任于败军之际，奉命于危难之间，尔来二十有一年矣⑤。先帝知臣谨慎，故临崩寄臣以大事也。受命以来，夙夜忧叹，恐托付不效，以伤先帝之明，故五月渡泸⑥，深入不毛。今南方已定，兵甲已足，当奖率三军，北定中原，庶竭驽钝，攘除奸凶，兴复汉室，还于旧都。此臣所以报先帝，而忠陛下之职分也。

至于斟酌损益，进尽忠言，则攸之、祎、允之任也。愿陛下托臣以讨贼兴复之效；不效，则治臣之罪，以告先帝之灵。［若无兴德之言，则］责攸之、祎、允等之慢，以彰其咎。陛下亦宜自谋，以咨诹善道，察纳雅言，深追先帝遗诏。臣不胜受恩感激。今当远离，临表涕零，不知所言。

遂行，屯于沔阳。

【注释】

① 侍郎：即黄门侍郎，掌侍从皇帝，传达诏令。郭攸之、费祎（yī）为侍中，董允为侍郎。② 督：指中部督，禁军统领。③ 桓、灵：汉桓帝刘志（公元 146—167 年在位）、汉灵帝刘宏（公元 168—189 年在位）。桓、灵之时，政治腐败，汉朝进一步衰落。④ 尚书：指陈震。长史：指丞相留府长史张裔。参军：指丞相参军蒋琬。⑤ 二十一年：汉献帝建安十二年（207）刘备始遇诸葛亮，至后主建兴五年（227），共二十一年。⑥ 泸：泸水，即今金沙江。诸葛亮南征，从今四川西昌往南渡过金沙江入云南境。

六年春，扬声由斜谷道取郿①，使赵云、邓芝为疑军，据箕谷②，魏大将军曹真举众拒之。亮身率诸军攻祁山③，戎陈整齐，赏罚肃而号令明。南安、天水、安定三郡叛魏应亮④，关中响震。魏明帝西镇长安，命张郃拒亮，亮使马谡督诸军在前⑤，与郃战于街亭⑥。谡违亮节度，举动失宜，大为郃所破。亮拔西县千余家⑦，还于汉中，戮谡以谢众。上疏曰："臣以弱才，叨窃非据，亲秉旄钺，以厉三军，不能训章明法，临事而惧，至有街亭违命之阙，箕谷不戒之失，咎皆在臣授任无方。臣明不知人，恤事多暗，《春秋》责帅，臣职是当。请自贬三等，以督厥咎。"于是以亮为右将军，行丞相事，所总统如前。

冬，亮复出散关，围陈仓，曹真拒之，亮粮尽而还。魏将王双率骑追亮，亮与战，破之，斩双。

【注释】

① 郿：县名，在今陕西眉县东北。② 箕谷：在今陕西勉县褒城镇北。③ 祁山：在今甘肃礼县东，为陇西军事要地。④ 南安：郡名，治豲(huán)道县，在今甘肃陇西县东南渭水东岸。天水：郡名，治冀县，在今甘肃甘谷县东。⑤ 马谡：当时任参军。《三国志·蜀书·马良传》后附有小传。⑥ 街亭：在今甘肃庄浪县东南。⑦ 西县：在今甘肃天水市西南。

七年，亮遣陈式攻武都、阴平，魏雍州刺史郭淮率众欲击式，亮自出至建威[①]，淮退还，遂平二郡。诏策亮曰："街亭之役，咎由马谡，而君引愆，深自贬抑，重违君意，听顺所守。前年耀师，馘斩王双；今岁爰征，郭淮遁走；降集氐、羌，兴复二郡，威镇凶暴，功勋显然。方今天下骚扰，元恶未枭，君受大任，干国之重，而久自挹损，非所以光扬洪烈矣。今复君丞相，君其勿辞。"

九年，亮复出祁山，以木牛运，粮尽退军，与魏将张郃交战，射杀郃。

十二年春，亮悉大众由斜谷出，以流马运，据武功五丈原[②]，与司马宣王对于渭南[③]。亮每患粮不继，使己志不申，是以分兵屯田，为久驻之基。耕者杂于渭滨居民之间，而百姓安堵，军无私焉。相持百余日。其年八月，亮疾病，卒于军，时年五十四。及军退，宣王案行其营垒处所，曰："天下奇才也！"

【注释】

① 建威：城名，在今甘肃西和县南。② 武功：县名，在今陕西武功县西南。五丈原：今属岐山县地，在斜谷口西侧。③ 司马宣王：即司马懿。魏元帝时，其子司马昭封晋王，追封司马懿为宣王。

亮遗命葬汉中定军山，因山为坟，冢足容棺，敛以时服，不须器物。诏策曰："惟君体资文武，明叡笃诚，受遗托孤，匡辅朕躬，继绝兴微，志存靖乱。爰整六师，无岁不征，神武赫然，威镇八荒，将建殊功于季汉，参伊、周之巨勋①。如何不吊，事临垂克，遘疾陨丧！朕用伤悼，肝心若裂。夫崇德序功，纪行命谥，所以光昭将来，刊载不朽。今使使持节左中郎将杜琼，赠君丞相、武乡侯印绶，谥君为忠武侯。魂而有灵，嘉兹宠荣。呜呼哀哉！呜呼哀哉！”

初，亮自表后主曰：“成都有桑八百株，薄田十五顷，子弟衣食，自有余饶。至于臣在外任，无别调度，随身衣食，悉仰于官，不别治生，以长尺寸。若臣死之日，不使内有余帛，外有赢财，以负陛下。”及卒，如其所言。

亮性长于巧思，损益连弩②，木牛流马③，皆出其意；推演兵法，作八陈图④，咸得其要云。亮言教书奏多可观，别为一集。

景耀六年春⑤，诏为亮立庙于沔阳。秋，魏镇西将军钟会征蜀，至汉川，祭亮之庙，令军士不得于亮墓所左右刍牧樵采。

亮弟均，官至长水校尉⑥。亮子瞻，嗣爵。

【注释】

① 伊、周：伊尹、周公旦。伊尹辅佐商汤，周公辅佐周武王、成王，为古代名相。② 连弩：一种可以连发的弓弩，经诸葛亮改进，可以十矢俱发。③ 木牛流马：是两种适于山地运输的工具，今人多认为是独轮车之类。④ 八陈（zhèn）图：一种阵法，已失传。⑤ 景耀：蜀汉后主刘禅年号。景耀六年，公元 263 年。⑥ 长水校尉：禁卫军军官之一。

评曰：诸葛亮之为相国也，抚百姓，示仪轨，约官职，从权制，开诚心，布公道。尽忠益时者虽仇必赏，犯法怠慢者虽亲必罚；服罪输情者虽重必释，游辞巧饰者虽轻必戮；善无微而不赏，恶无纤而不贬。庶事精练，物理其本，循名责实，虚伪不齿。终于邦域之内，咸畏而爱之，刑政虽峻而无怨者，以其用心平而劝戒明也。可谓识治之良才，管、萧之亚匹矣。然连年动众，未能成功，盖应变将略，非其所长欤！

【翻译】

诸葛亮字孔明，琅邪国阳都县人，是汉朝司隶校尉诸葛丰的后代。父珪，字君贡，汉末任泰山郡丞。诸葛亮很早就死了父亲，叔父诸葛玄是袁术所任命的豫章太守，诸葛玄带着诸葛亮和他的弟弟诸葛均上任。适逢汉朝另派朱皓代替诸葛玄，诸葛玄平素与荆州牧刘表有交情，便前去投靠他。诸葛玄死后，诸葛亮在乡间亲身耕种田地，喜欢吟唱《梁父吟》。身高八尺，经常把自己同管仲、乐毅相比，当时人都不赞同，只有博陵崔州平、颍川徐庶与诸葛亮是好朋友，认为确实如此。

当时先主屯兵新野。徐庶面见先主，先主很器重他，他对先主说："诸葛孔明这人，是一条卧龙，将军愿意见他吗？"先主说："您同他一起来吧。"徐庶说："此人只能登门求见，不可委屈招来。将军应该屈驾去拜访他。"于是先主到诸葛亮家去拜访，共去了三次，方才见到。他把左右人叫开，对诸葛亮说："汉朝摇摇欲坠，奸臣窃取皇权，主上流离失所。我不自量力，想要伸张大义于天下，而才智低下，因此屡遭挫折,直至今日。但我的志向并没有放弃,您说我该怎么办?”诸葛亮回答说:“从董卓以来,豪杰并起,占据数州、兼有诸郡的人不可胜数。曹操比起袁绍来,名声低微,人马也少,但他竟能打败袁绍,转弱为强,这不仅因为天时有利,也是由于谋略高强。现今曹操已拥有百万军队,挟持天子以号令诸侯,您的确不可同他对抗。孙权据有江东,已经历三代,地势险要,人民拥护,还有不少有德有才的人为他所用,对于这一方,您也只能结为同盟,互相援助,而不可图谋夺取。荆州北边凭据汉水、沔水,南面拥有直达南海这一广大地区的丰盛财富,东边与吴郡、会稽郡相连,西面与巴、蜀相通。这是一块用兵之地,而它的主人守不住,这大概是上天用来资助将军的,将军是否有意?益州险要闭塞,沃野千里,是天府之国,高祖凭借它而完成了帝业。但刘璋昏庸懦弱,北边又有张鲁的威胁,人口众多、国家富庶而不知道爱抚,因此当地有才智的人士想要得到英明的领袖。将军既是皇室的后裔,信义著称于天下,收揽英雄,思贤如渴。如果占有荆、益二州,凭险阻以据守,西边结和诸戎,南边安抚夷越,对外交好孙权,对内修明政治;一旦天下形势有变化,派一名大将率领荆州的军队向宛县、洛阳进军,同时您亲自率领益州的部队打到关中,百姓谁敢不用竹篮盛着食物、用壶装着酒浆来欢迎您呢?要真像这样,霸业就可以完成,汉朝就可以复兴了。”先主说:“好!”于是与诸葛亮的友情日益亲密。关羽、张飞等不高兴,先主解释说:“我得到孔明,就像鱼得到水一样,希望你们不要再说了。”关羽、张飞这才作罢。

刘表的长子刘琦也很器重诸葛亮。刘表听信后妻的话,爱少子刘琮,不喜欢刘琦。刘琦常想同诸葛亮商量保护自己安全的办法，诸葛亮总是推托，没有替他谋划。刘琦就带诸葛亮游赏后园，共上高楼。宴饮之间，叫人撤去梯子，然后对诸葛亮说："现在上不沾天，下不着地，话出自您的嘴巴，进入我的耳朵，这下可以说了吧？"诸葛亮回答说："您不见申生在内而危险，重耳在外而安全吗？"刘琦恍然大悟，遂暗里谋划出去的办法。适逢江夏太守黄祖死，于是得以外出继任江夏太守。不久刘表死，刘琮听说曹公来征讨，派遣使者请求投降。先主在樊城听说后，率领部属南行，诸葛亮与徐庶都随从，被曹公追上打败，捉住了徐庶的母亲。徐庶辞别先主，指着自己的心说："本来想与将军一起图谋建立王霸之业的，就是这方寸之地。现在失去老母，方寸已乱，我对您的大事已没有什么益处，请让我从此分别。"就到曹公那里去了。

先主到了夏口，诸葛亮说："情况很危急了，请派我去求救于孙将军。"当时孙权统率军队驻在柴桑，观望成败。诸葛亮对孙权说："天下大乱，将军起兵占有江东，刘豫州也聚众于荆州，与曹操共争天下。现今曹操削除大敌，大致已经平定了，进而攻破荆州，威震四海。英雄无用武之地，所以刘豫州逃到这里。请您衡量自己的力量然后作出处置：如果您能以吴、越的军队与曹操抗衡，不如早同他断绝关系；如果敌不过他，何不放下武器，卷起铠甲，北面臣服于他？现在您表面假称服从于他，其实内心犹豫不决，事急而不断，大祸就要临头了！"孙权说："要是像您说的，刘豫州为什么不投降他呢？"诸葛亮说："田横，不过是齐国的一个壮士罢了，尚且坚守节操，不甘屈辱，何况刘豫州是王室的后裔，英才盖世，众士仰慕有如水流归海。如果事情不能成功，这是天意，怎么能屈服于曹操呢？"孙权激动地说："我不能把整个吴越之地，十万之众，去受人控制。我的主意已经打定了！除了刘豫州再没有可以敌挡曹操的人了，但他最近刚刚失败，怎么能抵抗这个强敌？"诸葛亮说："刘豫州的军队虽然在长阪失败，现在回来的战士和关羽的水军，共有精锐的甲士万人，刘琦集合江夏战士也不下万人。曹操的人马远来疲弊，听说为了追刘豫州，轻骑一天一夜跑三百多里，这就是所谓'强弩之末，穿不透鲁国的白绢'。因此兵法是禁忌这样作的，说'必然使前军将领被挫败'。而且北方的人，不熟习水战；荆州的百姓归附曹操，也只是迫于军威罢了，并非心服。现在您如果能命令猛将统兵数万，与刘豫州协调作战计划，双方齐心合力，打败曹操军是必然的。曹操兵败，必然退回北方，这样一来，荆州和吴的力量强大，鼎足而三的局势就形成了。成败的关键，在于今日。"孙权非常高兴，当即派周瑜、程普、鲁肃等水军三万人，随诸葛亮去与先主会合，并力抵抗曹公。曹公败于赤壁，带领军队回邺。先主收取江南，任诸葛亮为军师中郎将，使他督率零陵、桂阳、长沙三郡军队，征调赋税，以补充军用。

建安十六年，益州牧刘璋派法正迎接先主，使他去打张鲁，诸葛亮与关羽镇守荆州。先主从葭萌回攻刘璋，诸葛亮与张飞、赵云等率众溯江而上，分别攻下各郡县，与先主共围成都。成都平定后，先主任命诸葛亮为军师将军，署理左将军府事。先主外出，诸葛亮常常镇守成都，足食足兵。

建安二十六年，僚属们劝先主称皇帝，先主没有同意。诸葛亮说："从前吴汉、耿弇等起初劝世祖即帝位，世祖推让，前后三四次。耿纯劝告说：'天下英雄景仰归附于您，是怀着攀龙附凤的希望；如果您不听从大家的意见，士大夫们各自回去另找主人，就无需再追随您了。’世祖被耿纯深切诚挚的话所感动，就答应了。现今曹氏篡汉，天下无主，大王是刘氏后裔，继世而起，现在即帝位，是适宜的。士大夫跟随大王长期勤劳困苦，也是希望能有尺寸的功劳像耿纯说的那样。”先主于是即帝位，册命诸葛亮为丞相，册文说：“朕遭遇国家不幸，继承大位，兢兢业业，不敢康宁，想要安定百姓，犹恐天下不安。啊！丞相亮，希望你明白朕的心意，不要懈怠，以匡正朕的过失，帮助朕使日月重光，以照明天下。您要努力啊！”亮以丞相总录尚书事，假节。张飞死后，又兼司隶校尉。

章武三年春，先主在永安病危，把诸葛亮从成都召往，将后事托付给他，对他说：“你的才能十倍于曹丕，必能安定国家，最终完成大事。如果太子可辅，你就辅佐他；如果他不成材，你自己可以取而代之。”诸葛亮流泪说：“臣愿竭尽全力辅佐少主，报效忠贞之节，最后献出我的生命！”先主又作诏书敕令后主说：“你跟随丞相一起治理国事，对他要像对待父亲那样。”

建兴元年，后主封诸葛亮为武乡侯，开建丞相府，设置官属，以处理政事。不久，又兼益州牧。政事不论大小，都取决于诸葛亮。南中几郡同时起来叛乱，诸葛亮因为新遭国丧，所以还不便发兵征讨，而是先遣使访问吴国，并缔结和亲，于是蜀与吴成为盟国。

三年春，诸葛亮率军南征，这年秋天平定了全部叛乱。大量军用物资都由南中供给，国家因而富饶。于是练兵讲武，准备大举北伐。

五年，率诸军北驻汉中。出发之前上表说：

先帝创业还没有完成一半，就中途去世了。现今天下分为三方，而益州国力困弊，这真是危急存亡的时刻啊。然而侍卫的臣僚在内勤劳不懈，忠心的将士在外舍死忘身，这是因为他们追念先帝的特殊恩遇，想在您的身上进行报答啊。您应该广泛听取臣下意见，以发扬光大先帝遗下的美德，增强志士的勇气，不应当妄自菲薄，援引不恰当的譬喻，以堵塞忠言进谏的道路。宫禁中的侍卫、各府署的臣僚都是一个整体，赏罚褒贬，不应有所不同。如有作恶犯法的人，或行为忠善的人，都应该交给主管官吏评定对他们的惩奖，以显示陛下处理国事的公正严明，不应该有所偏爱，使宫内宫外执法不同。侍中郭攸之、费祎、侍郎董允等人，都是善良诚实、心志忠贞纯洁的人，因此先帝选拔他们留给陛下。我认为宫中的事，无论大小，都去咨询他们，然后施行，必能弥补缺失，集思广益。将军向宠心性品德善良平和，又通晓军事，过去经过试用，先帝称赞他很有才能，因此众人商议推举他作中部督。我认为禁军营中的事都去咨问于他，必能使军队和睦，不同才能的人各得其所。亲近贤臣，疏远小人，这是前汉所以兴盛的原因；亲近小人，疏远贤臣，这是后汉所以衰败的原因。先帝在时，每次与臣谈论这事，未尝不叹息而痛恨桓帝、灵帝时期的腐败。侍中、尚书、长史、参军，这些人都是忠贞善良、守节不渝的大臣，希望陛下亲近他们，信任他们，那么汉朝的复兴，就会指日可待了。

我本是一个平民，在南阳亲自耕田，只想在乱世里苟全性命，不求在诸侯间扬名显身。先帝不因为我卑微鄙陋，而委屈自己，三次到草庐之中拜访我，向我询问天下大事，由此使我感动奋发，而同意为先帝奔走效劳。后来遭遇失败，我在军事失利之际接受任命，形势危急之时奉命出使，从这以来二十一年了。先帝知道我谨慎，所以临终把国家大事托付给我。接受遗命以来，日夜忧虑叹息，惟恐托付的事不能完成，有损于先帝的英明，因此五月渡泸南征，深入不毛之地。现在南方已经平定，兵甲已经充足，我应当勉励并统率三军，北定中原，以便竭尽我拙劣的能力，扫除奸邪，兴复汉室，返还旧都。这是我用以报答先帝、尽忠陛下的职责。

至于处置日常政事，决定取舍损益，并毫无保留地贡献忠言，那是郭攸之、费祎、董允等人的责任。希望陛下把讨伐奸贼、兴复汉室的任务交给我去完成；若不能完成，就治我的罪，以告于先帝的英灵。如果不能进献增进圣德的忠言，那就责备郭攸之、费祎、董允等的怠慢，以表明他们的过失。陛下也应当谋求自强，征询臣下的好意见，考察并采纳正确的言论，深思先帝的遗诏。臣蒙受大恩，不胜感激，现在即将远离，一边写表，一边流泪，真不知该说些什么。

于是北行，扎营于沔阳。

建兴六年春，扬言由斜谷道攻取郿县，使赵云、邓芝作疑兵，占据箕谷，魏大将军曹真领兵抵御。诸葛亮亲率各军攻祁山，队伍整齐，赏罚严而号令明。南安、天水、安定三郡反叛魏国响应诸葛亮，关中震动。魏明帝亲自西镇长安，派张郃抵御诸葛亮。诸葛亮使马谡在前面统率各军，与张郃战于街亭。马谡违背诸葛亮的部署，行动不当，被张郃打得大败。诸葛亮撤出西县的一千多家人，回到汉中，杀了马谡向将士谢罪。上疏说："我以低劣的才能，窃据丞相的高位，亲执白旄黄钺以激厉三军，却不能训示规章，申明法度，遇事不敢决断，以至有街亭违背指挥的错误，箕谷不作戒备的过失，过错都在于我任人不当。我缺乏知人之明，料事每多暗昧，根据《春秋》之义，兵败则责备主帅，因此我应负主要责任。请让我自贬三级，以惩罚我的过失。"于是降为右将军，代行丞相职务，依旧总统政事。

这年冬天，诸葛亮又出兵散关，包围陈仓，遇曹真抵御，粮尽而还。魏将王双率领骑兵追击，诸葛亮同他交战，打败魏军，杀死王双。

建兴七年，诸葛亮派遣陈式进攻武都、阴平二郡。魏雍州刺史郭淮率军想攻击陈式，诸葛亮亲自出兵到建威，郭淮退回，从而平定了这两个郡。后主下诏书给诸葛亮说："街亭之战，罪在马谡，而您承担过失，深自贬责，我不好违背您的心意，听从了您坚持的要求。您去年出师，斩杀王双，今岁出征，郭淮逃走，收降氐羌，恢复二郡，威镇暴敌，功勋显然。方今天下扰攘，首恶未除，您接受重任，主持国家大事，而长久谦退，这就不足以显扬大功了。现在恢复你的丞相职务，您不要推辞。"

建兴九年，诸葛亮再出祁山，用木牛运输。粮尽退兵，与魏将张郃交战，射死张郃。

建兴十二年春天，诸葛亮统率全部大军，由斜谷开出，用流马运输，占据武功县五丈原，与司马宣王在渭水之南对垒。诸葛亮经常担忧军粮供应不上，使自己的大志不能实现，因此分兵屯田，为长期驻兵打下基础。耕垦的蜀兵掺杂在渭水滨的居民之间，而百姓安居，军队从不扰民以利己。就这样相持了一百多天。这年八月，诸葛亮病重，死在军中，当时五十四岁。军退之后，宣王仔细观察他安营筑垒的处所，说："真是天下奇才！"

根据诸葛亮的遗命，他被安葬在汉中定军山，因山作坟，墓坑刚够容纳棺材，以平时所穿的衣服入殓，不须陪葬器物。后主下诏说："君禀受文武的资性，明智诚实，接受托孤的遗诏，辅佐朕身，继承灭亡的汉室，振兴微弱的蜀国，一心在于平定祸乱。因此统帅三军，无岁不征，武功赫赫，威镇八方，将在汉末建立足以媲美伊尹、周公的巨大功勋。为何如此不幸，大事垂成，您却患病去世！我因此无比哀伤，肝心若裂。尊崇道德，叙录功勋，记述行迹，给予谥号，这是为了光照将来，记载不朽。现派遣使持节、左中郎将杜琼赠给您丞相、武乡侯印绶，追谥您为忠武侯。您的在天之灵，定会赞美这恩宠光荣。呜呼哀哉！呜呼哀哉！"

起初，诸葛亮自己上表给后主说："我在成都有桑树八百株、薄田十五顷，子弟衣食，自有富余。至于我在外任官，没有别的用度，随身衣食，都仰赖公家，不另外经营产业，以增加丝毫财富。到了我死那一天，不使内有剩余的绢帛，外有赢余的钱财，以免辜负陛下。"他去世之后，果如他所说的那样。

诸葛亮擅长于巧妙构思，改进连弩，制作木牛流马，都出于他的想法；又推演兵法，作八阵图，都深得兵法的要领。诸葛亮的言论、教令、书札、奏章多可诵读，另外辑为一集。

景耀六年春，后主下诏为诸葛亮立庙于沔阳。秋，魏镇西将军钟会征蜀，到汉中，祭祀诸葛亮的祠庙，还命令军士不得于诸葛亮墓地左右放牧牲畜、割草打柴。

亮弟均，官至长水校尉。亮子瞻，继承爵位。

评语：诸葛亮做丞相的时候，安抚百姓，明示法度，精简官职，因时制宜，以诚待人，秉公办事。竭尽忠心，有益于世的人虽仇必赏；违犯法令，怠慢职事的人虽亲必罚。认罪服罪，说老实话的人，罪虽重也必予宽释；花言巧语，掩饰罪过的人，罪虽轻也必加严惩。善再小也无不奖赏，恶再细也无不贬斥。处理事务精明练达，对待万物必治其本，循名责实，鄙弃虚伪。全国的人都既畏惧他而又爱戴他，刑法政令虽然严峻，却没人怨恨，这是由于他用心公平而且劝戒分明。真可说是精通政治的良才，可以同管仲、萧何匹敌了。不过连年兴师动众，未能成功，大概随机应变的军事谋略不是他的特长吧！

关 羽 传

关羽(俗称关公)的形象,在我国可谓妇孺皆知。但历史上的关羽究竟是怎样一个人? 可以读一读这篇传。从传中我们可以看到,关羽确是一员勇猛非凡的虎将,但他也只不过是个有勇无谋的武夫。他缺乏政治头脑,不懂得联吴抗曹的重要性,拒绝孙权的联姻。他骄傲自大,目空一世,不能搞好与其他将领的关系,以至导致麋芳、士仁的叛变;他顾头不顾尾,被吕蒙、陆逊所麻痹,撤除后方的守备(参看本书《陆逊传》)。结果是丢了脑袋,失了荆州,给蜀汉造成极其不利的局面。平心而论,关羽的后期实在是过大于功。人们历来称道刘、关、张之间至死不渝的友情和关羽的忠义,对这一点要作具体分析,有值得肯定的一面,但也不能过分夸大,更不能盲目效法。宋代以后,封建统治者为了表彰"忠义",主要是宣扬忠君,对关羽的事迹和功绩大加渲染,追封为公、为王、为帝、为神,穷乡僻壤都有关帝庙,许多人家供奉关羽的神位,我们要将这个被人为地神化的关羽与真实的关羽区分开来。

关羽字云长,本字长生,河东解人也①。亡命奔涿郡。先主于乡里合徒众,而羽与张飞为之御侮。先主为平原相,以羽、飞为别部司马,分统部曲。先主与二人寝则同床,恩若兄弟;而稠人广坐,侍立终日,随先主周旋,不避艰险。

先主之袭杀徐州刺史车胄,使羽守下邳城,行太守事,而身还小沛。建安五年,曹公东征,先主奔袁绍。曹公禽羽以归,拜为偏将军②,礼之甚厚。绍遣大将(军)颜良攻东郡太守刘延于白马,曹公使张辽及羽为先锋击之。羽望见良麾盖,策马刺良于万众之中,斩其首还,绍诸将莫能当者,遂解白马围。曹公即表封羽为汉寿亭侯③。初,曹公壮羽为人,而察其心神无久留之意,谓张辽曰:"卿试以情问之。"既而辽以问羽,羽叹曰:"吾极知曹公待我厚,然吾受刘将军厚恩,誓以共死,不可背之。吾终不留,吾要当立效以报曹公乃去。"辽以羽言报曹公,曹公义之。及羽杀颜良,曹公知其必去,重加赏赐。羽尽封其所赐,拜书告辞,而奔先主于袁军。左右欲追之,曹公曰:"彼各为其主,勿追也。"

【注释】

① 河东:郡名,见《武帝纪》注。解(xiè):县名,在今山西临猗县西南。② 偏将军:为杂号将军之一。③ 汉寿亭

侯：汉寿，县名，在今湖南常德东北，这只是虚封。

从先主就刘表。表卒，曹公定荆州，先主自樊将南渡江，别遣羽乘船数百艘会江陵。曹公追至当阳长坂，先主斜趋汉津，适与羽船相值，共至夏口。孙权遣兵佐先主拒曹公，曹公引军退归。先主收江南诸郡，乃封拜元勋，以羽为襄阳太守、荡寇将军①，驻江北。先主西定益州，拜羽董督荆州事。羽闻马超来降②，旧非故人，羽书与诸葛亮，问超人才可谁比类。亮知羽护前，乃答之曰："孟起兼资文武③，雄烈过人，一世之杰，黥、彭之徒④，当与益德并驱争先⑤，犹未及髯之绝伦逸群也。"羽美须髯，故亮谓之"髯"。羽省书大悦，以示宾客。

羽尝为流矢所中，贯其左臂，后创虽愈，每至阴雨，骨常疼痛。医曰："矢镞有毒，毒入于骨，当破臂作创，刮骨去毒，然后此患乃除耳。"羽便伸臂令医劈之。时羽适请诸将饮食相对，臂血流离，盈于盘器，而羽割炙引酒，言笑自若。

【注释】

① 襄阳郡为曹操新设，关羽任襄阳太守是遥领。荡寇将军也是杂号将军。② 马超在关中被曹操打败，奔陇西，又败，至汉中依张鲁。建安十九年刘备围成都时来归刘备。③ 孟起：马超字。④ 黥、彭：黥布（本名英布，秦末犯法黥面，人称黥布）、彭越，刘邦手下大将。⑤ 益德：张

飞字。

二十四年，先主为汉中王，拜羽为前将军，假节钺。是岁，羽率众攻曹仁于樊。曹公遣于禁助仁。秋，大霖雨，汉水泛溢，禁所督七军皆没，禁降羽。羽又斩将军庞德。梁、郏、陆浑群盗或遥受羽印号①，为之支党，羽威震华夏。曹公议徙许都以避其锐。司马宣王、蒋济以为关羽得志，孙权必不愿也，可遣人劝权蹑其后，许割江南以封权，则樊围自解。曹公从之。先是，权遣使为子索羽女，羽骂辱其使，不许婚，权大怒。又南郡太守麋芳在江陵，将军（傅）士仁屯公安，素皆嫌羽（自）轻己。［自］羽之出军，芳、仁供给军资，不悉相（救）［及］，羽言还当治之，芳、仁咸怀惧不安。于是权阴诱芳、仁，芳、仁使人迎权；而曹公遣徐晃救曹仁，羽不能克，引军退还。权已据江陵，尽虏羽士众妻子，羽军遂散。权遣将逆击羽，斩羽及子平于临沮②。追谥羽曰壮缪侯③。

【注释】

① 梁：县名，在今河南汝州西。郏（jiá）：县名，即今河南郏县。陆浑：县名，在今河南嵩县东北。② 临沮：县名，在今湖北远安县西北。③ 事在后主景耀三年（260）。

【翻译】

关羽字云长，本字长生，河东郡解县人。因事逃亡到涿郡。先主在家乡招合人众，关羽和张飞做他的侍卫。先主任平原国相，以羽、飞为别部司马，分别统领部队。先主与二人寝则同床，恩如兄弟；但在稠人广坐之中，二人则整天站在旁边侍卫，先主走到哪儿就跟到哪儿，不避艰险。

建安四年先主袭杀徐州刺史车胄，使关羽守下邳城，代理沛郡太守，而自己回沛县。建安五年，曹公东征先主，先主失败投奔袁绍。曹公擒获关羽而归，任命为偏将军，以礼厚待他。后来袁绍派大将颜良在白马县进攻东郡太守刘延，曹公叫张辽和关羽为先锋去打颜良。关羽望见颜良兵车上的旗帜车盖，鞭马刺颜良于千军万马之中，斩其首而还，袁绍的部将没人能抵挡，因而解除了白马的包围。曹公于是上表封关羽为汉寿亭侯。起初，曹公爱关羽为人勇壮，但观察他的神情好像没有久留的意思，便对张辽说："你试问问他的真实想法。"过后张辽将此事问关羽，关羽感叹说："我非常了解曹公待我很好，但我受刘将军的厚恩，发誓生死与共，我不能背叛他。我最终是不会留在这里的，但我要立功以报答曹公，然后再走。"张辽把关羽的话回报曹公，曹公很赞赏他的忠义。等到关羽杀了颜良，曹公知道他必定会离开，对他重加赏赐。关羽把所赐的东西全部封存起来，留下书信告辞，到袁绍军中投奔先主。曹公左右的人要去追赶，曹公说："他是各为其主，不要追了。"

后来随先主到荆州依刘表。刘表死后，曹公定荆州，先主从樊城准备南渡江，另遣关羽率领水军乘船数百艘到江陵会合。曹公追到当阳县长坂，先主斜奔汉津渡，恰好与关羽的船相会，一起到夏口。孙权派兵帮助先主抵抗曹公，曹公领军退回。先主取得江南诸郡，给立了大功的部下封官，以关羽为襄阳太守、荡寇将军，驻江北。先主西定益州，命关羽总管荆州事。关羽听说马超来降，他过去与马超不认识，因此写信给诸葛亮，问马超的人才可以同谁相比。诸葛亮知道关羽好强自负，不愿别人胜过自己，就回信说："马孟起文武双全，雄猛过人，可谓一代俊杰，属于黥布、彭越一类，可与张益德并驾齐驱，但还不及你美髯公的绝伦超群。"关羽的须髯长而美，所以诸葛亮称他为"髯"。关羽看了信非常高兴，还拿出来给宾客们看。

关羽曾经被流矢射中，射穿了他的左臂，后来伤口虽已愈合，但每到阴雨天，骨头经常疼痛。医生说："箭镞有毒，毒入于骨，应当剖开手臂，刮骨去毒，然后才能除去此患。"关羽便伸臂让医生开刀。当时他正请诸将一道饮酒，虽然臂血淋漓，流满盘器，而他割肉饮酒，谈笑自如。

建安二十四年，先主为汉中王，任命关羽为前将军，授予节钺。这一年，关羽率军进攻曹仁于樊城。曹公派于禁去援助曹仁。秋天，连降大雨，汉水泛滥，于禁所统的七军全部覆没，于禁投降关羽。关羽又斩将军庞德。梁、郏、陆浑诸县群盗有的遥受关羽的官印、封号，成为他的支党，关羽威震华夏。曹公商议迁移许都以避开他的锋芒。司马宣王、蒋济以为关羽得志，孙权必定不愿意，可派人劝孙权袭击他的后方，允许割江南以封孙权，樊城的包围就自然解除了。曹公采纳了他们的意见。起先，孙权遣使为儿子向关羽的女儿求婚，关羽辱骂使者，不许婚，孙权大怒。又南郡太守麋芳在江陵，将军士仁屯公安，平素都怨恨关羽轻视自己。自从关羽出军樊城以来，麋芳、士仁供给军资，不能全部及时供应，关羽说回来要惩治他们，二人都惶恐不安。于是孙权暗中引诱麋芳、士仁，麋芳、士仁便使人迎接孙权。这时曹公派徐晃救曹仁，关羽不能攻下樊城，只好率军撤退。而孙权已占据江陵，全部虏获了关羽部下将士的妻儿，关羽的军队因此溃散。孙权遣将拦击关羽，斩羽及其子关平于临沮县。后主时，追谥关羽为壮缪侯。

周　瑜　传

苏东坡《念奴娇·赤壁怀古》词云:“遥想公瑾当年,小乔初嫁了,雄姿英发。羽扇纶巾,谈笑间、强虏灰飞烟灭。”可作为本传主要内容的一个很好的概括。周瑜(175—210),三国孙吴名将,赤壁之战中吴军的统帅。本篇记载,他在战前对孙权精辟分析了曹操可以战胜的理由(这与同时诸葛亮、鲁肃的意见不谋而合,可参见本书所选《诸葛亮传》),从而更坚定了孙权联刘抗曹的决心。篇中还比较详细地叙述了这次战役的经过和周瑜所起的作用。赤壁之战是三国时期的决定性战役之一,也是我国古代以弱胜强的著名战例。它阻止了曹操对南方的兼并,并使刘备在荆州取得了一块立足之地,从而为三国鼎立的局面奠定了基础、拉开了序幕。在《三国演义》中对周瑜其人有极精彩的描写,把他写成一个气量狭小、不能容人的典型,并精心杜撰了“诸葛亮三气周瑜”的著名故事。其实本传指出周瑜“性度恢廓”,即性情开朗,气量宽宏，与小说中的周瑜刚好相反。本篇末尾写周瑜精通音乐，寥寥数语，更刻画出周郎的风采，写得很有情趣。可惜这类生动的描写在《三国志》中很少。

周瑜字公瑾，庐江舒人也①。从祖父景，景子忠，皆为汉太尉。父异，洛阳令。

瑜长壮有姿貌。初，孙坚兴义兵讨董卓，徙家于舒。坚子策与瑜同年，独相友善，瑜推道南大宅以舍策，升堂拜母，有无通共。瑜从父尚为丹杨太守，瑜往省之。会策将东渡，到历阳②，驰书报瑜，瑜将兵迎策，策大喜曰："吾得卿，谐也。"遂从攻横江、当利③，皆拔之。乃渡江击秣陵④，破笮融、薛礼，转下湖孰、江乘⑤，进入曲阿⑥，刘繇奔走，而策之众已数万矣。因谓瑜曰："吾以此众取吴会、平山越已足⑦。卿还镇丹杨⑧。"瑜还。顷之，袁术遣从弟胤代尚为太守，而瑜与尚俱还寿春。术欲以瑜为将，瑜观术终无所成，故求为居巢长，欲假涂东归，术听之。遂自居巢还吴。是岁，建安三年也。策亲自迎瑜，授建威中郎将，即与兵二千人，骑五十匹。瑜时年二十四，吴中皆呼为周郎。以瑜恩信著于庐江，出备牛渚⑨，后领春谷长⑩。顷之，策欲取荆州，以瑜为中护军⑪，领江夏太守，从攻皖⑫，拔之。时得桥公两女，皆国色也，策自纳大桥，瑜纳小桥。复进寻阳⑬，破刘勋，讨江夏，还定豫章、庐陵，留镇巴丘⑭。

【注释】

① 舒:县名,在今安徽庐江县西南。② 历阳:县名,在今安徽和县。③ 横江:横江渡,在今安徽和县东南,为长江渡口。当利:当利口,在今和县东。④ 秣陵:今南京。⑤ 湖孰:县名,在今南京东南。江乘:县名,在今江苏句容北。⑥ 曲阿:县名,即今江苏丹阳。⑦ 山越:汉末至隋唐时期分布于南方部分山区的越人。⑧ 丹杨:郡名,治宛陵县,即今安徽宣城。⑨ 牛渚:牛渚矶,一名采石矶,在今安徽当涂县北,为长江重要渡口。⑩ 春谷:县名,在今安徽繁昌县西南。⑪ 中护军:统兵军官名。⑫ 皖:县名,即今安徽潜山县。⑬ 寻阳:县名,在今湖北黄梅县西南。⑭ 巴丘:县名,属庐陵郡,在今江西峡江县北。

五年,策薨,权统事。瑜将兵赴丧,遂留吴,以中护军与长史张昭共掌众事。十一年,督孙瑜等讨麻、保二屯①,枭其渠帅,囚俘万余口,还备(官亭)[宫亭]②。江夏太守黄祖遣将邓龙将兵数千人入柴桑,瑜追讨击,生虏龙送吴。

十三年春,权讨江夏,瑜为前部大督③。其年九月,曹公入荆州,刘琮举众降,曹公得其水军,船步兵数十万,将士闻之皆恐。权延见群下,问以计策。议者咸曰:"曹公豺虎也,然托名汉相,挟天子以征四方,动以朝廷为辞,今日拒之,事更不顺。且将军大势,可以拒操者,长江也。今操得荆州,奄有其地。刘表治水军,蒙冲、斗舰④,乃以千数,操悉浮以沿江,兼有步兵,水陆俱下，此为长江之险，已与我共之矣。而势力众寡，又不可论。愚谓大计不如迎之。”瑜曰：“不然。操虽托名汉相，其实汉贼也。将军以神武雄才，兼仗父兄之烈，割据江东，地方数千里，兵精足用，英雄乐业。尚当横行天下，为汉家除残去秽，况操自送死，而可迎之邪！请为将军筹之：今使北土已安，操无内忧，能旷日持久，来争疆埸，又能与我校胜负于船楫（可）［间］乎？今北土既未平安，加马超、韩遂尚在关西，为操后患。且舍鞍马，仗舟楫，与吴越争衡，本非中国所长。又今盛寒，马无藁草，驱中国士众远涉江湖之间，不习水土，必生疾病。此数四者，用兵之患也，而操皆冒行之，将军禽操，宜在今日。瑜请得精兵三万人，进住夏口，保为将军破之。”权曰：“老贼欲废汉自立久矣，徒忌二袁、吕布、刘表与孤耳。今数雄已灭，惟孤尚存，孤与老贼，势不两立。君言当击，甚与孤合，此天以君授孤也。”

【注释】

① 麻保二屯：在今湖北嘉鱼县境。② 官亭：官亭湖，亦即彭蠡泽，在今江西九江、湖口之间，跨长江南北，今为鄱阳湖北部及江北诸湖区。③ 前部大督：前军统帅。④ 蒙冲、斗舰：两种战船。

时刘备为曹公所破，欲引南渡江，与鲁肃遇于当阳，遂共图计，因进住夏口，遣诸葛亮诣权。权遂遣瑜及程普等与备并力逆曹公，遇于赤壁。时曹公军众已有疾病，初一交战，公军败退，引次江北。瑜等在南岸。瑜部将黄盖曰：“今寇众我寡，难与持久。然观操军船舰首尾相接，可烧而走也。”乃取蒙冲、斗舰数十艘，实以薪草，膏油灌其中，裹以帷幕，上建牙旗①，先书报曹公，欺以欲降。又预备走舸②，各系大船后，因引次俱前。曹公军吏士皆延颈观望，指言盖降。盖放诸船，同时发火。时风盛猛，悉延烧岸上营落。顷之，烟炎张天，人马烧溺，死者甚众，军遂败退，还保南郡。备与瑜等复共追。曹公留曹仁等守江陵城，径自北归。

瑜与程普又进南郡，与仁相对，各隔大江。兵未交锋，瑜即遣甘宁前据夷陵。仁分兵骑别攻围宁，宁告急于瑜。瑜用吕蒙计，留凌统以守其后，身与蒙上救宁。宁围既解，乃渡屯北岸，克期大战。瑜亲跨马擽陈③，会流矢中右胁，疮甚，便还。后仁闻瑜卧未起，勒兵就陈。瑜乃自兴，案行军营，激扬吏士，仁由是遂退。权拜瑜偏将军，领南郡太守，以下隽、汉昌、刘阳、州陵为奉邑④，屯据江陵。

【注释】

① 牙旗：军前大旗。② 走舸：小型战船。③ 擽陈（luè zhèn）：掠阵。④ 以上四县，下隽在今湖北通城县西，汉昌在今湖南平江县东，刘阳在今湖南浏阳东，州陵在今湖北监利县东。奉邑：即食该县租税，但不是封地。

刘备以左将军领荆州牧，治公安。备诣京见权[①]，瑜上疏曰：“刘备以枭雄之姿，而有关羽、张飞熊虎之将，必非久屈为人用者。愚谓大计宜徙备置吴，盛为筑宫室，多其美女玩好，以娱其耳目，分此二人，各置一方，使如瑜者得挟与攻战，大事可定也。今猥割土地以资业之，聚此三人，俱在疆埸，恐蛟龙得云雨，终非池中物也。”权以曹公在北方，当广擥英雄，又恐备难卒制，故不纳。

是时刘璋为益州牧，外有张鲁寇侵，瑜乃诣京见权曰：“今曹操新折衄，方忧在腹心，未能与将军连兵相事也。乞与奋威俱进取蜀[②]，得蜀而并张鲁，因留奋威固守其地，好与马超结援，瑜还与将军据襄阳以蹙操[③]，北方可图也。”权许之。瑜还江陵为行装，而道于巴丘病卒[④]，时年三十六。权素服举哀，感动左右。丧当还吴，又迎之芜湖[⑤]，众事费度，一为供给。后著令曰：“故将军周瑜、程普，其有人客，皆不得问。”

【注释】

① 京：见《先主传》注。② 奋威：即奋威将军孙瑜，孙权堂兄。③ 蹙（cù）：逼迫、威胁。④ 巴丘：山名，在今湖南岳阳，为吴重镇，与本传前文的巴丘不是一地。⑤ 芜湖：县名，即今安徽芜湖市。

初，瑜见友于策，太妃又使权以兄奉之。是时权位为将军，诸将宾客为礼尚简，而瑜独先尽敬，便执臣节。

性度恢廓，大率为得人，惟与程普不睦。

瑜少精意于音乐，虽三爵之后，其有阙误，瑜必知之，知之必顾，故时人谣曰："曲有误，周郎顾。"

【翻译】

周瑜字公瑾，庐江郡舒县人。堂祖父周景、周景子周忠，都曾任汉朝的太尉。父亲周异，曾任洛阳县令。

周瑜长得高大健壮，容貌出众。起初，孙坚发动义兵讨董卓，把家迁到舒县。他的儿子孙策和周瑜同年，两人的关系特别亲密。周瑜把路南的大宅让给孙策住，彼此升堂拜母，亲如一家，共通有无。周瑜的堂叔周尚任丹杨太守，周瑜前去看望他。正好这时孙策将要东渡大江，到了历阳，快马带信告诉周瑜，周瑜带兵去迎接孙策。孙策大喜，说："我有了你，事就成了。"于是跟随孙策进攻横江渡、当利口，都攻下了。进而渡江攻打秣陵，击破笮融、薛礼，转而拿下湖孰、江乘二县，进入曲阿，刘繇逃走，这时孙策的人马已经有几万了。于是孙策对周瑜说："我用这支队伍攻取吴郡、会稽郡，平定山越，已经足够了，你回去镇守丹杨。"周瑜就回去了。不久，袁术派堂弟袁胤代替周尚作丹杨太守，因此周瑜与周尚一起回到寿春。袁术想用周瑜为将领，周瑜看出袁术终究不会有什么成就，所以请求当居巢县长，想借路东归，袁术同意了。于是从居巢回到吴县。这一年是建安三年。孙策亲自迎接周瑜，任命他作建威中郎将，当即给他士兵二千人、战马五十匹。周瑜当时二十四岁，吴地人都叫他"周郎"。由于他在庐江一带很有恩惠威信，因此孙策让他前往守备牛渚，后来又兼任春谷县长。不久，孙策想要夺取荆州，任他为中护军，兼领江夏太守。又随孙策攻克皖县。其时得到桥公的两个女儿，都是全国最美的女子，孙策自己娶了大桥，周瑜娶了小桥。又进军寻阳，打垮庐江太守刘勋，征讨江夏，回兵平定豫章、庐陵，留镇巴丘县。

建安五年，孙策死，孙权统事。周瑜从巴丘带兵前去奔丧，就留在吴县，作为中护军，同长史张昭一起掌管孙权府中的各种事务。十一年，统率孙瑜等讨伐麻、保二屯，将其首领斩首示众，俘虏一万余口，回来后驻防宫亭。刘表的江夏太守黄祖派部将邓龙带兵数千人入柴桑，周瑜追击，活捉邓龙并送到吴县。

建安十三年春，孙权征江夏，周瑜任前部大督。这年九月，曹公入荆州，刘琮率部投降，曹公得到他的水军，战船、步兵数十万，将士听说后都很惊恐。孙权召见众部下，询问计策。参加讨论的人都说："曹操像豺虎一样凶恶，但他是假托汉朝丞相的名义，挟持天子以征讨四方，动辄以朝廷为借口。现在我们同他对抗，就会更不顺理。而且从大势来看，您可以抗拒曹操的，只有长江。现今曹操得到荆州，尽有其地。刘表建立的水军，蒙冲、斗舰数以千计，曹操全部放到沿江一带，加之有步兵，水陆俱下，这说明长江的天险，已与我方共享了。至于双方兵力的众寡，更不可相提并论。我们认为最好的计策是不如迎接他。"周瑜说："不对。曹操虽托名汉相，其实是汉朝的奸贼。将军凭着您的神威雄才，兼仗父兄的遗业，割据江东，地方数千里，兵力精强，资财充足，英雄之士都乐于跟随您建功立业。因此您本来就应当横行天下，为汉朝驱除奸贼，扫清污秽，何况现在曹操自己来送死，怎么可以投降他呢？请允许我替您分析一下当前的形势和我们的对策。假定现在北方已经安定,曹操没有内忧,能够旷日持久来争夺疆土,那么他能与我方在舟船之间较量胜负吗?何况现在北方既未平安,加上马超、韩遂还在关西,成为曹操的后患。而且舍弃鞍马,使用舟船,来与江东争胜负,这本来就不是中原军队的擅长。另外,现在正是严寒的冬天,战马没有草料;驱迫中原的兵士来到遥远的江湖之间,不习水土,必生疾病。以上这几种情况,乃是用兵的忧患,而曹操却置之不顾,冒险行事,您捉拿曹操,正应在此时。我请求给予精兵三万人,进住夏口,保证为您打败他。"孙权说:"老贼想要废除汉朝、自立为皇帝已经很久了,只不过顾忌袁绍、袁术、吕布、刘表和我罢了。现在诸雄已被消灭,只有我还在,我与老贼,势不两立。您说应当打,同我的想法很相合,这是上天把您送给我啊。"

当时刘备被曹公打败,想向南撤退渡过长江,与鲁肃在当阳相遇,于是共同谋划计策,随后进驻夏口,派诸葛亮去面见孙权。孙权便派周瑜及程普等与刘备并力迎击曹公,在赤壁遭遇。当时曹公的军队已有疾病,刚一交战,曹公军败,退驻江北,周瑜等在南岸。周瑜的部将黄盖说:"现今敌众我寡,很难同他长期抗衡。但我看曹操军队的船舰首尾相连,可放火焚烧把他赶跑。"于是取蒙冲、斗舰数十艘,装满柴草,把油脂灌入里面,外用帷幕包裹,上面插牙旗,事先写信告诉曹公,假称想去投降。又预备快船,分别系在大船之后,依次前进。曹公军中兵士都伸长脖子观望,议论着黄盖前来投降之事。黄盖放出的各条船只,同时点火。当时风刮得很猛,船上的火全都延烧到岸上的军营。不一会儿,烟焰满天,人马被烧或溺水而死的很多,曹公军败退,回守南郡。刘备与周瑜等又一起追击。曹公留曹仁等守江陵城,自己直接回北方去了。

周瑜与程普又进兵南郡,与曹仁相对,各隔大江。军队还没有交锋,周瑜就派甘宁前去占据夷陵。曹仁分派步兵骑兵进攻并包围甘宁,甘宁向周瑜告急。周瑜用吕蒙的计策,留凌统守后方,自己与吕蒙溯江而上援救甘宁。把甘宁的包围解除之后,便渡江驻扎北岸,约定日期大战。周瑜亲自跨马冲击敌阵,恰巧被流矢射中右胁,伤势很重,就回营了。后来曹仁听说周瑜卧床未起,部署军队来到阵前。周瑜便亲自起来,巡查军营,激励将士,曹仁因而退兵。孙权任命周瑜为偏将军,兼南郡太守,以下隽、汉昌、刘阳、州陵四县作为他的奉邑,驻守江陵。

当时刘备以左将军兼荆州牧,州治设在公安。刘备到京城去见孙权,周瑜上疏说:"刘备是一个骁悍雄杰的人物,而又有关羽、张飞两名猛如熊虎的大将,必定不是长久屈服听人使唤的人。我认为最好的计策是应当把他迁到吴郡安置,替他广筑宫室,多给他美女珍玩,使他有声色的娱乐;分开关、张二人,各置一方,让像我这样的将领控制他们并与之攻战,大事就可以稳妥了。如果随便割让土地以资助他们的事业,把这三个人都聚集在疆界上,恐怕蛟龙得到了云雨,终究不是水池中的动物啊。"孙权因为曹公在北方,应当广泛招揽英雄,又恐怕刘备一时难以控制,所以没有采纳周瑜的意见。

这时刘璋为益州牧,外有张鲁侵犯。周瑜就到京城见孙权说:"现在曹操刚刚遭受挫败,正担忧自己内部不稳,还不可能与您用兵争战。因此我请求与奋威将军一起进兵取蜀,得了蜀又兼并张鲁,然后留奋威将军固守蜀地,结好马超，互相支援，我回来为您占据襄阳以威胁曹操，北方就可以谋取了。"孙权赞同他的意见。周瑜回江陵准备行装，但在路经巴丘时病死，年仅三十六岁。孙权身着丧服哀吊，感动左右。周瑜的遗体将运回吴郡时，孙权又亲到芜湖迎接，办理丧事所需的各项费用，全由公家供给。后来又定下法令说："已故将军周瑜、程普，他们家所有的人和田客，一律免征赋役，官府不得过问。"

起初，孙策同周瑜结为朋友，孙策的母亲又叫孙权将他当作兄长。当时孙权的职位只是将军，他下面的将领宾客对他的礼节还很简易，而周瑜独自极其恭敬，已用臣下的礼节事奉孙权。他性情豁达，度量宽宏，大体上是得人心的，只是与程普不和睦。

周瑜年少时曾精心学习音乐，即使饮酒三爵之后，如果演奏乐曲的人一有错误，他必定会听出，一听出必定要回顾，所以当时人有句谚语说："曲有误，周郎顾。"

陆 逊 传

陆逊(183—245)也是三国时期的一位名将,他杰出的军事指挥才能充分体现在吴蜀夷陵之战中。当时还不出名的陆逊统率吴军,把老于世故、人称"天下枭雄"的刘备打得全军覆没,巩固了孙吴对荆州的统治。事后刘备自我解嘲地说:"我竟被陆逊所折辱,岂非天意!"这当然不是什么"天意",而是由于他自己的失误和陆逊的指挥有方。陆逊避开蜀军的锐气,坚守不战,将敌拖疲,而后一举出击,制敌于死地;他抓住刘备连营数百里,兵力分散,首尾不能相救的错误,采用火攻的正确战术;而且他能在作战过程中,严明军令,加强纪律,统一步调。所有这些,决定了吴军的胜利。陆逊不但善于指挥打仗,而且很有政治头脑和战略眼光,这从他麻痹关羽、瓦解敌军、夷陵之战后及时停止攻蜀等都可得到说明。后来他当了吴国丞相,政治上也有一些可取之处。从本篇,我们还可以看到孙权的善于用人,这也是孙氏能与曹、刘鼎立的一个重要因素。

陆逊字伯言，吴郡吴人也[①]。本名议，世江东大族。逊少孤，随从祖庐江太守康在官。袁术与康有隙，将攻康，康遣逊及亲戚还吴。逊年长于康子绩数岁，为之纲纪门户。

孙权为将军，逊年二十一，始仕幕府，历东西曹令史，出为海昌屯田都尉[②]，并领县事。县连年亢旱，逊开仓谷以振贫民，劝督农桑，百姓蒙赖。时吴、会稽、丹杨多有伏匿，逊陈便宜，乞与募焉。会稽山贼大帅潘临，旧为所在毒害，历年不禽。逊以手下召兵，讨治深险，所向皆服，部曲已有二千余人。鄱阳贼帅尤突作乱[③]，复往讨之，拜定威校尉，军屯利浦[④]。

【注释】

①吴：县名，吴郡治所，即今江苏苏州市。②海昌：县名，在今浙江海盐县南。屯田都尉：管屯田的军官。③鄱阳：县名，在今江西鄱阳县东。④利浦：一名当利口，见《周瑜传》注。

权以兄策女配逊，数访世务，逊建议曰："方今英雄棋跱，豺狼窥望，克敌宁乱，非众不济。而山寇旧恶，依阻深地。夫腹心未平，难以图远，可大部伍，取其精锐。"权纳其策，以为帐下右部督[①]。会丹杨贼帅费栈受曹公印绶，扇动山越，为作内应，权遣逊讨栈。栈支党多而往兵少，逊乃益施牙幢[②]，分布鼓角，夜潜山谷间，鼓噪而前，应时破散。遂部伍东三郡[③]，强者为兵，羸者补户，得精卒数万人，宿恶荡除。所过肃清，还屯芜湖。

会稽太守淳于式表逊枉取民人，愁扰所在。逊后诣都，言次，称式佳吏，权曰："式白君而君荐之，何也？"逊对曰："式意欲养民，是以白逊。若逊复毁式以乱圣听，不可长也。"权曰："此诚长者之事，顾人不能为耳。"

【注释】

① 帐下右部督：军官名，领帐下卫兵。② 牙幢（chuáng）：即牙旗，军前大旗。③ 东三郡：指丹杨、新都、会稽。新都郡治始新县，在今浙江淳安县西。

吕蒙称疾诣建业[①]，逊往见之，谓曰："关羽接境，如何远下，后不当可忧也？"蒙曰："诚如来言，然我病笃。"逊曰："羽矜其骁气，陵轹于人。始有大功，意骄志逸，但务北进，未嫌于我，有相闻病，必益无备。今出其不意，自可禽制。下见至尊，宜好为计。"蒙曰："羽素勇猛，既难为攻，且已据荆州，恩信大行，兼始有功，胆势益盛，未易图也。"蒙至都，权问："谁可代卿者？"蒙对曰："陆逊意思深长，才堪负重，观其规虑，终可大任。而未有远名，非羽所忌，无复是过。若用之，当令外自韬隐，内察形便，然后可克。"权乃召逊，拜偏将军、右部督，代蒙。

逊至陆口，书与羽曰："前承观衅而动，以律行师，小举大克，一何巍巍！敌国败绩，利在同盟，闻庆拊节，想遂席卷，共奖王纲。近以不敏，受任来西，延慕光尘，思禀良规。"又曰："于禁等见获，遐迩欣叹，以为将军之勋足以长世，虽昔晋文城濮之师②，淮阴拔赵之略③，蔑以尚兹。闻徐晃等少骑驻旌，窥望麾葆④。操猾虏也，忿不思难，恐潜增众，以逞其心。虽云师老，犹有骁悍。且战捷之后，常苦轻敌，古人杖术，军胜弥警，愿将军广为方计，以全独克。仆书生疏迟，忝所不堪，喜邻威德，乐自倾尽，虽未合策，犹可怀也。傥明注仰，有以察之。"羽览逊书，有谦下自托之意，意大安，无复所嫌。逊具启形状，陈其可禽之要。权乃潜军而上，使逊与吕蒙为前部，至即克公安、南郡。逊径进，领宜都太守⑤，拜抚边将军，封华亭侯。备宜都太守樊友委郡走，诸城长吏及蛮夷君长皆降。逊请金银铜印，以假授初附。是岁建安二十四年十一月也。

【注释】

① 吕蒙：镇守荆州的主将，领兵屯陆口（今湖北蒲圻西北）。为了麻痹关羽，袭取南郡，故托疾还建业治病。建业：原名秣陵，即今南京市。孙权改称建业，徙都于此。② 春秋晋文公时，晋楚战于城濮（今山东鄄城西南），晋军以弱胜强，击溃楚军。③ 淮阴：指淮阴侯韩信。楚汉战争时，韩信领兵自今山西境东下井陉击赵。他引诱赵军出战，加以牵制，别遣兵从小路进入赵营，拔赵旗，插上汉旗。

赵军惊乱。汉军前后夹击,大破赵军,夺取赵地。④ 麾葆:大将的旗帜和车盖。这里指关羽军。⑤ 宜都郡治夷道县,在今湖北宜都西北。

逊遣将军李异、谢旌等将三千人,攻蜀将詹晏、陈凤。异将水军,旌将步兵,断绝险要,即破晏等,生降得凤。又攻房陵太守邓辅、南乡太守郭睦[①],大破之。秭归大姓文布、邓凯等合夷兵数千人,首尾西方。逊复部旌讨破布、凯。布、凯脱走,蜀以为将。逊令人诱之,布帅众还降。前后斩获招纳,凡数万计。权以逊为右护军、镇西将军[②],进封娄侯。

时荆州士人新还,仕进或未得所,逊上疏曰:"昔汉高受命,招延英异,光武中兴,群俊毕至,苟可以熙隆道教者,未必远近。今荆州始定,人物未达,臣愚褛褛,乞普加覆载抽拔之恩,令并获自进,然后四海延颈,思归大化。"权敬纳其言。

【注释】

① 房陵郡治房陵县,在今湖北房县。南乡郡治南乡县,在今河南淅川县南。② 右护军:统领禁军的军官之一。

黄武元年[①],刘备率大众来向西界,权命逊为大都督、假节[②],督朱然、潘璋、宋谦、韩当、徐盛、鲜于丹、孙桓等五万人拒之。备从巫峡、建平连围至夷陵界③。立数十屯，以金锦爵赏诱动诸夷，使将军冯习为大督，张南为前部，辅匡、赵融、廖淳、傅肜等各为别督。先遣吴班将数千人于平地立营，欲以挑战。诸将皆欲击之，逊曰："此必有谲，且观之。"备知其计不可，乃引伏兵八千，从谷中出。逊曰："所以不听诸君击班者，揣之必有巧故也。"逊上疏曰："夷陵要害，国之关限，虽为易得，亦复易失。失之非徒损一郡之地，荆州可忧。今日争之，当令必谐。备干天常，不守窟穴，而敢自送。臣虽不材，凭奉威灵，以顺讨逆，破坏在近。寻备前后行军，多败少成，推此论之，不足为戚。臣初嫌之，水陆俱进，今反舍船就步，处处结营，察其布置，必无他变。伏愿至尊高枕，不以为念也。"诸将并曰："攻备当在初，今乃令入五六百里，相衔持经七八月，其诸要害皆以固守，击之必无利矣。"逊曰："备是猾虏，更尝事多，其军始集，思虑精专，未可干也。今住已久，不得我便，兵疲意沮，计不复生，掎角此寇，正在今日。"乃先攻一营，不利。诸将皆曰："空杀兵耳。"逊曰："吾已晓破之之术。"乃敕各持一把茅，以火攻拔之。一尔势成，通率诸军同时俱攻，斩张南、冯习及胡王沙摩柯等首，破其四十余营。备将杜路、刘宁等穷逼请降。备升马鞍山④，陈兵自绕。逊督促诸军四面蹙之，土崩瓦解，死者万数。备因夜遁，驿人自担烧铙、铠断后⑤，仅得入白帝城。其舟船器械，水步军资，一时略尽，尸骸漂流，塞江而下。备大惭恚，曰："吾乃为逊所折辱，岂非天邪！"

【注释】

① 黄武:吴主孙权的第一个年号,黄武元年为公元222年。② 大都督:与下文“大督”都是统兵的元帅。③ 建平:郡名,吴主孙休时始置,治巫县,在今重庆巫山县北,这里是使用后来的地名。④ 马鞍山:在今湖北宜昌市西北。⑤ 铙(náo):一种乐器,似铃,有木柄,行军打仗时击之以止鼓。

初,孙桓别讨备前锋于夷道,为备所围,求救于逊。逊曰:“未可。”诸将曰:“孙安东公族[①],见围已困,奈何不救?”逊曰:“安东得士众心,城牢粮足,无可忧也。待吾计展,欲不救安东,安东自解。”及方略大施,备果奔溃。桓后见逊曰:“前实怨不见救,定至今日,乃知调度自有方耳。”

当御备时,诸将军或是孙策时旧将,或公室贵戚,各自矜恃,不相听从。逊案剑曰:“刘备天下知名,曹操所惮,今在境界,此强对也。诸君并荷国恩,当相辑睦,共翦此虏,上报所受,而不相顺,非所谓也。仆虽书生,受命主上。国家所以屈诸君使相承望者,以仆有尺寸可称,能忍辱负重故也。各在其事,岂复得辞!军令有常,不可犯矣。”及至破备,计多出逊,诸将乃服。权闻之,曰:“君何以初不启诸将违节度者邪?”逊对曰:“受恩深重,任过其才。又此诸将或任腹心,或堪爪牙,或是功臣,皆国家所当与共克定大事者。臣虽驽懦,窃慕相如、寇恂相下之义[②],以济国事。”权大笑称善，加拜逊辅国将军，领荆州牧，即改封江陵侯。

……

【注释】

① 安东：安东中郎将的简称。孙桓为孙权的族侄，时任此职。② 相如：蔺相如，战国时赵人。赵惠文王得楚和氏璧，秦昭王听说后，强行索取。相如奉命出使秦国，勇斗秦王，完璧归赵，被任命为上卿，位在名将廉颇之上。廉颇不服，声言要当面侮辱蔺相如。相如以国家利益为重，退让不争，终使廉颇感动，负荆请罪，二人成为好友。寇恂：东汉初人，为颍川太守。执金吾贾复的部将在颍川杀人，寇恂将此人处死。贾复过颍川，说要杀死寇恂，寇恂躲避不见。后来光武帝为二人和解。

【翻译】

陆逊字伯言，吴郡吴县人。本名议，世代为江东大族。陆逊年少时父亲去世，随堂祖父庐江太守陆康在庐江任所。袁术与陆康有仇，将攻陆康，陆康叫陆逊及亲戚回到吴县。陆逊比陆康的儿子陆绩长几岁，便替陆绩管理家务。

孙权做将军时，陆逊二十一岁，开始在将军府中做官，曾任东西曹令史，后出任海昌屯田都尉，并兼县令。这个县连年大旱，陆逊开仓放粮以救济贫民，劝勉督促农桑生产，使百姓蒙受利益。当时，吴、会稽、丹杨三郡很多老百姓因逃避赋役而藏匿起来，陆逊向孙权陈述便国利民的事，请求招募他们。会稽山越的首领潘临，很久以来成为当地的一大祸害，历年官府都没能捉住他。陆逊率领手下召募的兵，进入深山险地实行讨伐，所到之处山越都被降服，部队发展到二千多人。鄱阳县贼帅尤突作乱，陆逊又前往讨伐。孙权任命他为定威校尉，驻兵利浦。

孙权把他哥哥孙策的女儿许配陆逊，多次向他征询当代大事。陆逊建议说："当今英雄各据一方，我们的敌人也像豺狼一样在暗中窥伺，要想战胜敌人，平定祸乱，没有军队不行。而山寇长期作恶，凭据深山险阻之地。这一心腹之患还没有消除，就难以作向外发展的打算。应该大规模部署军队，征讨山寇，取其精锐为兵。"孙权采纳了他的建议，用他做帐下右部督。适遇丹杨贼帅费栈接受曹公委任，扇动山越替他作内应，孙权派陆逊讨伐费栈。费栈党羽很多，而带去的兵很少，因此陆逊多树牙旗，各处布置鼓角，晚上潜入山谷间，擂鼓呐喊，向前推进，贼兵即时溃散。于是分别处置丹杨、新都、会稽三郡的山越，强壮的当兵，羸弱的补充民户，获得精兵几万人，长期的祸害一朝荡除。所过之地秩序清静，回兵驻扎在芜湖。

会稽太守淳于式上表攻击陆逊非法掠取百姓，困扰地方。陆逊后来到京都，谈话之间称赞淳于式是个很好的官吏。孙权说："淳于式告你的状而你推荐他，这是为什么？"陆逊回答说："淳于式意在保养民力，所以告我的状。如果我又诋毁他以扰乱您的视听，这种风气不可滋长。"孙权说："这确是厚道的人应做的事，只不过他人做不到罢了。"

吕蒙为了麻痹关羽，假托有病回建业，经过芜湖时，陆逊前去看望他，对他说："关羽同我们边境邻接，您怎么大老远回京都，以后不值得忧虑吗？"吕蒙说："诚如你所说的，不过我病很重。"陆逊说："关羽夸耀自己的勇猛气概，欺凌别人。因为以前有大功，心中便骄傲放纵，只图北进，而没有怀疑我方；现在又听说你病了，必然更加不作防备。如能出其不意，一定可以生擒关羽，把他制服。你去京师见了主上，应当好生制定计策。”吕蒙说：“关羽素来勇猛，很难对付，而且已占据荆州，大树恩惠和威信，加之以往有功劳，胆量气势更盛，现在还不容易打他的主意。”吕蒙到了京师，孙权问：“谁可以接替你？”吕蒙回答说：“陆逊思虑深远，才能足以担负重任，从他的谋虑来看，将来定可以大用。而且现在他还不太出名，不是关羽所畏忌的，要找接替我的人，没有比他更恰当的了。如果要任用他，应当让他对外界隐蔽起来，不出头露面，而在暗中观察形势，寻找机会，然后可以成功。”于是孙权召见陆逊，任命他为偏将军、右部督，代替吕蒙。

陆逊到了陆口，写信给关羽说：“前日得知您伺察敌人的破绽乘机进攻，按照严整的法度行军用兵，小小举动，便获大胜，您的功勋，何等伟大！敌国的溃败，即是盟国的胜利，因此我听到这个喜讯，不禁拍掌称贺。想您即将席卷中原，共扶王室。近日不才接受任务，来到西边，仰慕您的风采，很想听取良策。”又说：“于禁等人被擒，远近欢欣赞叹，认为将军的功勋足以永垂于世，纵使是当年晋文公城濮的胜利，淮阴侯破赵的谋略，也不能超过您的功绩。听说徐晃等以少量骑兵驻在樊城附近，窥探贵军动静。曹操是个狡猾的敌人，恐怕他会由于愤恨而忘记了失败的教训，暗中增加军队，以求一逞。虽说敌军驻扎已久，但还有勇猛强悍的士气。而且战胜之后，往往患在轻敌，因此古人运用兵法，打了胜仗，更加警惕。希望您周密地制定方略，保持自己的全胜。我是个书生，粗疏迟钝，忝居高位，力不能胜，幸喜与您这位威德卓著的将军为邻，因此很乐于尽抒愚见，虽未能合于您的计策，但可能还有点考虑的价值。倘能承蒙关注，还望加以明察。”关羽看了陆逊的信，认为他态度谦卑，有仰赖自己的意思，因此大为放心，不再有所猜疑。陆逊把这情况详细报告孙权，陈述关羽可擒的主要计策。于是孙权暗中调兵顺流而上，使陆逊与吕蒙为前军，很快就攻下了公安、南郡。陆逊径直推进，兼领宜都太守，并被任命为抚边将军，封华亭侯。刘备的宜都太守樊友弃郡而走，所属各城的官长和蛮夷首领都来投降。陆逊请颁下金、银、铜印，授予新来归附的这些人。这是建安二十四年十一月的事。

陆逊派遣将军李异、谢旌等率领三千人进攻蜀将詹晏、陈凤。李异率水军，谢旌率步兵，断绝险要，很快攻破詹晏等，并活捉陈凤，陈凤投降。又进攻房陵太守邓辅、南乡太守郭睦，把他们打得大败。秭归大姓文布、邓凯等纠合夷兵数千人，两面观望，而暗通西蜀。陆逊又部署谢旌打败文布、邓凯，布、凯脱逃，蜀用为将。陆逊叫人加以引诱，文布又率众回来归降。前后斩获招纳，总共好几万人。孙权以陆逊为右护军、镇西将军，进封娄侯。

当时荆州流亡的士人刚回来，有的人还没有安排适当的官位，陆逊上疏说：“从前汉高祖即位，招纳延用优异人才；光武中兴，很多杰出人物都前来归附。只要可以使政教昌明，用人不在乎远近。现在荆州才开始安定，有才能的人尚未显达。愚臣以恭谨之心，请您普施天覆地载的大恩，提拔他们，使他们都得以进用。这样，四海的人必定引颈倾慕，都愿归服于你伟大的教化。”孙权认真地采纳了他的建议。

黄武元年，刘备率领大军来攻西界，孙权任命陆逊为大都督、假节，督率朱然、潘璋、宋谦、韩当、徐盛、鲜于丹、孙桓等五万人抵御。刘备从巫峡、建平连营到夷陵县界，建立了几十个营寨，以黄金、蜀锦、爵位和种种赏赐诱动这一带的蛮夷，任用将军冯习为主将，张南为前部统领，辅匡、赵融、廖淳、傅肜等各为别部将领。先遣吴班率领几千人于平地立营，想以此挑战。诸将都主张进攻，陆逊说："这当中必定有诈，姑且观察观察。"刘备知道此计不成，便带了八千伏兵，从山谷中出来。陆逊说："之所以不让你们进攻吴班，是揣测他定有诡诈的缘故。"陆逊上疏说："夷陵是个要害之地，是国家的一道关隘，虽说容易取得，但也容易失掉。失掉了不但损失一郡之地，整个荆州都可忧虑。现在我们争夺此地，一定要保证成功。刘备干犯天理，不守巢穴，而敢来送死，臣虽不才，仰仗您的神威，以顺讨逆，打败敌人，就在近日。查刘备前后用兵，败多胜少，由此推论，不足为忧。我起初担心他水陆并进，而他现在反而舍船就步，处处结营，看他的布置，必定没有其他变故。伏愿主上高枕无忧，不必挂念。"诸将却说："进攻刘备应在当初，而今竟让他深入五六百里，双方相持经七八个月，他的各处险要都已固守，此时发动攻击必然得不到好处。"陆逊说："刘备是个狡猾的敌人，经历的事情多，当他的军队开始结集的时候，思虑专精，不可干犯。现在驻扎已久，没捞到我们的好处，士兵疲敝，意志沮丧，无计可施，夹击此敌，正在今日。"于是先攻一营，不利，诸将都说："白拿士兵去送死罢了。"陆逊说："我已知道攻破敌人的方法了。"便下令各持一把茅草，以火攻攻破敌营。一当取胜之势形成，就统率诸军同时进攻，斩张南、冯习及胡王沙摩柯等人首级，攻破敌军四十余营。刘备部将杜路、刘宁等走投无路，乞求投降。刘备登上马鞍山，布置军队环卫自己。陆逊督促诸军四面逼攻，敌军土崩瓦解，死者上万。刘备乘夜逃走，驿站的人员将溃兵丢下的铙、铠甲担至隘口焚烧，以阻挡后面的追兵，刘备才得以逃进白帝城。蜀军的舟船器械、水军步兵的物资，一时之间几乎全部损失，尸骸漂流而下，塞满了江面。刘备非常惭愧愤恨，说："我竟被陆逊所侮辱，岂不是天意吗！"

起初，孙桓分兵到夷道讨伐刘备的前锋，被刘备军所包围，求救于陆逊，陆逊说："还不能去救他。"诸将说："孙将军是公族，被包围处境困难，为什么不救？"陆逊说："孙将军在士兵中很得人心，城池牢固，粮草充足，没什么值得担忧的。等我的计策实行了，即使不去救他，他也自然会解围。"及至方略施行，刘备果然崩溃逃走。孙桓后来见到陆逊，说："先前我的确抱怨您不来相救，只是到了今天，才知道您调度有方啊。"

当抵御刘备时，将军们有的是孙策时的旧将，有的是公室贵戚，各人都因有所仗恃而自傲，不服从陆逊指挥。陆逊按剑说："刘备是天下闻名的人，连曹操也害怕他，现今就在我们边境，这是一个强大的对手。诸君都蒙受国恩，应当和睦相处，共灭此敌，对上报答所受的大恩，而你们却不服指挥，太没有道理了。我虽然是书生，但我是受主上的任命。主上之所以委屈你们，使你们受我指挥，是因为我多少有点可称道的地方，能够忍辱负重的缘故。各人有各人的职责，怎么可以推辞！军令是有规定的，你们可不要违犯了。"及至打败刘备，计策大多出自陆逊，诸将才心服了。孙权听说之后，说："您当初何以不向我报告诸将违抗指挥呢？”陆逊回答说：“我所受的恩德深重，肩负的责任超过了我的才能。而且这些将领们有的可以任心腹，有的可以做战将，有的是有功之臣，都是主上应当与他们共同完成大业的人。我虽然才劣性懦，但私下仰慕蔺相如对廉颇、寇恂对贾复的忍让精神，以完成国家之事。”孙权大笑，称赞他做得对，提拔他为辅国将军，兼荆州牧，并就其所驻之地改封为江陵侯。

……

编 后 记

2011年我社出版了“古代文史名著选译丛书(134种)”,该丛书是由全国高校古籍整理委员会主持,汇集北京大学、复旦大学等十八所高校古籍所专家学者力量完成的一部高水平、高质量的传统文化普及读物。出版后也得到了读者认可,获得业内好评。

该丛书于2016年入选国家新闻出版广电总局评选的“首届向全国推荐中华优秀传统文化普及图书”名单。为了更好地传播优秀传统文化,我们从中精选了30种文史经典,重新修订、设计,作为珍藏版呈现给读者。

中华优秀传统文化不仅是中华民族的宝贵财富,也是中华民族的精神家园。凤凰出版社谨向为本丛书的编辑出版付出巨大心血的专家学者致以崇高敬意!

丛书顾问:周林　邓广铭　白寿彝

丛书主编:章培恒　安平秋　马樟根

编委(均按姓氏笔画排列):马樟根　平慧善　安平秋　刘烈茂　许嘉璐　李国祥　金开诚　周勋初　宗福邦　段文桂　董治安　倪其心　黄永年　章培恒　曾枣庄(以上为常务编委)

王达津　吕绍纲　刘仁清　刘乾先　李运益　杨金鼎　曹亦冰　常绍温　裴汝诚(以上为编委)

古代文史名著选译丛书（珍藏版）书目

书名	译注者	审阅者
论语注译	孙钦善	宗福邦
老子注译	张玉春　金国泰	安平秋
庄子选译	马美信	章培恒
孟子选译	刘聿鑫　刘晓东	黄　葵
荀子选译	雪　克　王云路	董治安　许嘉璐
诗经选译	程俊英　蒋见元	刘仁清
楚辞选译	徐建华　金舒年	金开诚
左传选译	陈世铙	董治安
史记选译	李国祥　李长弓　张三夕	安平秋
汉书选译	张世俊　任巧珍	李国祥
后汉书选译	李国祥　杨　昶　彭益林	许嘉璐
三国志选译	刘　琳	黄　葵
资治通鉴选译	李　庆	黄永年
文心雕龙选译	周振甫	黄永年
世说新语选译	柳士镇　钱南秀	周勋初
颜氏家训选译	黄永年	许嘉璐
陶渊明诗文选译	谢先俊　王勋敏	平慧善
李白诗选译	詹　锳等	章培恒
杜甫诗选译	倪其心　吴　鸥	黄永年
李商隐诗选译	陈永正	倪其心
王维诗选译	邓安生　刘　畅　杨永明	倪其心
苏轼诗文词选译	曾枣庄　曾　弢	章培恒
李清照诗文词选译	平慧善	马樟根
辛弃疾词选译	杨　忠	刘烈茂
王阳明诗文选译	吴　格	章培恒
唐才子传选译	张　萍　陆三强	黄永年
徐霞客游记选译	周晓薇　马雪芹　焦　杰	黄永年　马樟根
阅微草堂笔记选译	黄国声	安平秋
西厢记选译	王立言	董治安
聊斋志异选译	刘烈茂　欧阳世昌	章培恒